图书在版编目（CIP）数据

卓越董事会：全球最佳实践 / 程原，路跃兵编著
. --北京：中国经济出版社，2021.3（2023.4 重印）
ISBN 978-7-5136-6423-3

Ⅰ.①卓… Ⅱ.①程…②路… Ⅲ.①董事会-研究
Ⅳ.①F271.5

中国版本图书馆 CIP 数据核字（2021）第 032324 号

选题策划 汪 京 孙东健
责任编辑 孙东健
责任印制 马小宾
封面设计 高鹏博

出版发行 中国经济出版社
印 刷 者 北京富泰印刷有限责任公司
经 销 者 各地新华书店
开 本 710mm×1000mm 1/16
印 张 10.25
字 数 110 千字
版 次 2021 年 3 月第 1 版
印 次 2023 年 4 月第 2 次
定 价 68.00 元
广告经营许可证 京西工商广字第 8179 号

中国经济出版社 网址 www.economyph.com 社址 北京市东城区安定门外大街 58 号 邮编 100011
本版图书如存在印装质量问题，请与本社销售中心联系调换（联系电话：010-57512564）

卓越董事会

全球最佳实践

程　原　路跃兵◎编著

Effective Board

The Global Best Practice

中国经济出版社
CHINA ECONOMIC PUBLISHING HOUSE
·北京·

序 一

Preface

程原博士是罗盛咨询合伙人和大中华区董事总经理，路跃兵博士是罗盛咨询中国高级顾问，他们都是全球领先的著名管理咨询公司的“大咖”，具有深厚的专业学养和丰富的实践经验。他们撰写的《卓越董事会——全球最佳实践》一书，既有理论创新，又有来自实践的新鲜经验，可读性很强。我很荣幸受到邀请为他们的新书作序，相信这本书会对我国提升卓越董事会建设水平产生积极作用。

习近平总书记在系列重要讲话中明确提出，我国全面深化改革的总目标是推进国家治理体系和治理能力现代化。可以说，我国各类企业可持续发展的总目标是建立现代企业制度，实现企业治理体系和治理能力的现代化。而建立现代企业制度，核心是厘清公司股东、董事、经理层之间的关系，构建卓越的董事会。

首先，卓越的董事会能够促进企业的可持续发展。企业是现代市场经济的微观基础，在提供就业、繁荣经济等方面发挥着特别重要的作用。2019 年，世界 100 强跨国公司的进入门槛是营业收入达到 765 亿美元；同年，世界 100 大经济体的进入门槛是国内生产总值（GDP）达到 310 亿美元。也就是说，排名世界 100 强末尾企业的营业收入超过了全球 66% 的国家和地区。跨国公司像巨人一样，掌握巨大的财富资源，富可敌国。马克思所说的“世界工厂”和经济全球化在快速消除社会、政治和经济交往中的边界。对于头部公司来说，其对一个国家乃至全球资源和财富的配置能力甚至超越了国家，居于主导地位。中世纪，最好的房子都属于皇宫和教堂；近代以来，最好的房子绝大多数属于大型企业。无论在纽约、伦敦，还是在东京、北京，企业的影响力越来越大。

企业规模越大、影响力越大，对企业法人治理水平的要求也越高。当前，中国经济社会发展对企业法人治理提出了新要求。2020 年 12 月，中央经济工作会议提出要强化反垄断、反不正当竞争，防止资本无序扩张。信息技术的发展要求保护客户和消费者的信息安全和公民隐私权，探索将大数据作为合作资产，这就要求企业履行社会责任、保护信息安全，给创新发展、思想自由和道德升华留下向善空间。这些挑战既要求法律演进、道德升华，又要求公司法人治理体系不断进步，更要求有一个卓越的董事会来引领企业的可持续发展。

其次，卓越的董事会能够促进实现治理体系现代化。董事会是公司法人治理结构的核心制度，必须坚持法定原则，规范公司投资者、决策者、经营者、监督者的基本权利和义务。凡是法律有规定的，应当遵守法律规定，做到有法可依、有法必依，持续推进法人治理体系现代化。

近年来，无论东方还是西方，公司法人治理体系都在演进。在欧美国家，“公司存在的唯一目的是为股东赚钱”的经营理念受到了严峻的挑战。美国经济学家弗里曼提出了利益相关者理论，认为企业不仅仅是股东的营利工具，其利益相关者还包括员工、工会、供应商、银行和债权人、客户、消费者、政府、NGO 等，企业要为利益相关者创造价值。1989 年，美国宾夕法尼亚州的公司法开始变革，一反传统公司法“股东至上”原则，授予公司经理对“利益相关者”负责的义务。随后，美国其他 28 个州接连跟进，改革公司法，要求公司在追求利润最大化目标的同时，还要考虑劳工保护、环境保护、生态平衡、可持续发展、绿色 GDP 等广泛的“利益相关者”利益。

改革开放 40 多年来，为适应现代社会化大生产和市场经济体制要求，我国公司治理体系从无到有，逐步建立起中国特色的现代企业制度。党的十四届三中全会把现代企业制度的基本特征概括为“产权清晰、权责明确、政企分开、管理科学”十六个字。之后，我国完善了《中华人民共和国公司法》等一系列法律法规， 建立和完善现代企业制度、出资人制度，把党的领导融入法人治理结构，开始推行全球性的 ISO 26000、G20/OECD 等公司治理准则，公司法人治理体系建设取得了显著成效。不过，我们在信息披露等方面还有显著不足。推进企业法人治理体系现代化，不但需要法律法规的演进升级，更需要卓越董事会发挥积极的引领促进作用。

最后，卓越的董事会能够有效提升企业治理能力。在美国《福布斯》杂志评选的“2019年最有权力人物排行榜”列出的前10名人物中，除了6名国家元首、罗马天主教教皇，还有微软公司的比尔·盖茨、亚马逊公司的杰夫·贝索斯和谷歌公司的拉里·佩奇。很明显，优秀的企业家和优秀的董事长，其杰出的能力不仅对企业董事会具有旗帜和导航作用，对全球经济社会发展也具有极大的影响力。构建卓越的董事会需要多方面成功要素的集合，而保持董事的相对独立性是一个重要的基础性条件。

巴菲特说，公司治理的最佳组合是什么？就是强大而无为的股东，在位而不越位的董事会，有领导力和执行力的管理层，和谐而互相信赖的氛围。美国纽交所规定，独立董事必须在董事会中占绝大多数，而且提名委员会、薪酬委员会和审计委员会必须全部由独立董事组成——如果上市公司存在控股股东（投票表决权超过50%）则例外。独立董事的使命主要是保护中小股东利益，防止其受到控股股东侵害。安然公司破产事件之后出台的萨班斯法案，其目的就是为了提高董事会独立性，要求提高美国上市公司董事会中独立董事的比例，对董事会独立性的构成进行界定。2013年，在美国公众公司中，有85%的董事均为独立董事。

我国证监会发布的《关于在上市公司建立独立董事制度的指导意见》规定，独立董事对上市公司及全体股东负有诚信与勤勉义务。独立董事应当维护公司整体利益，尤其要关注中小股东的合法权益不受损害。当前，影响我国公司董事会独立有效发挥作用的主要问题是大股东行为不规范、关联交易、大股东过度干预、超额委派、“隧道挖掘”等。另外，如果公司管理层在董事会中占比过高，则容易出现“内部人控制”、中小股东权益不能得到平等保护等问题（比如，2019 年我国上市公司中落实中小股东提案权的比例只有不到 2%，落实中小股东累计投票权的比例不到 30%）。当前，需要建立和完善新的独立董事选拔制度，形成有利于优秀的董事脱颖而出、独立发挥作用和影响力的制度环境；需要强调董事受全体股东委托的信托责任，董事对全体股东最大公约数负责；需要坚持董事会成员中外部董事占多数，在制度上保证董事会履行职责的独立性，等等。建立和完善卓越董事履行职责的制度、文化和氛围，对实现企业治理能力的现代化意义重大。

子曰：学而时习之，不亦说乎？学而不思则罔，思而不学则殆。程原博士和路跃兵博士的新书给了我们学习的机会。在中国，全球化从来没有像现在这样深入人心。在构建卓越的董事会方面，我们需要继续以全球化、专业化、多元化的姿态，向一切先进的制度学习，向一切优秀的人物学习，向竞争对手的优点学习，最终形成具有东方特色的企业治理制度文明，才能真正贡献于世界。

楚序平

2020 年 12 月于北京西直门寓所

序 二

Preface

《卓越董事会——全球最佳实践》是程原和路跃兵两位博士的最新力作。两位作者均在国际顶级名校获得博士学位，学养丰厚；又长期在国际著名咨询公司担任重要管理职务，视野广阔；同时熟悉中国企业现实，对中国企业的公司治理有精准的把握。因此，打开本书，有一种全新的感觉，读完不免为之一振：中国太缺乏这样颇具操作性的公司治理作品了，相信本书的出版对于指导中国公司董事会的规范运作具有直接的应用价值。

董事会是公司治理的核心，董事会的规范化直接关系着董事会的有效性，进而关系着整个企业运作的效率和可持续发展。自 1990 年中国重建资本市场以来，中国公司的董事会治理总体上在不断进步。笔者根据国际先进的董事会治理规范对中国上市公司董事会治理水平所做的评估显示，中国上市公司董事会治理指数均值从 2014 年的

50.18 分提升到了 2019 年的 56.38 分（参见图 1）。尽管如此，相比国际先进的董事会，我国上市公司董事会在治理规范性上仍然存在较大差距。在 2016 杭州 G20 峰会上，包括中国在内的 G20 国家领导人共同签署了《G20/OECD 公司治理原则》，承诺履行这一国际公司治理原则。在全球经济一体化的背景下，中国企业的公司治理——尤其是董事会治理——迫切需要加快节奏。

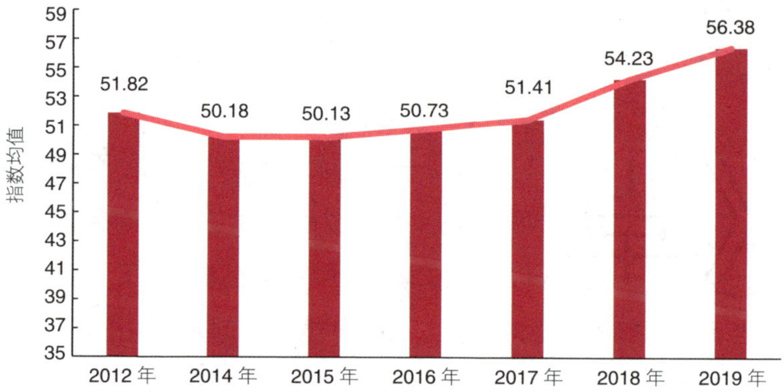

图 1　中国上市公司董事会治理指数

数据来源：高明华，郭传孜，邵梦影．中国上市公司治理分类指数报告 No.19（2020）[M]. 北京：中国纺织出版社，2020。

长期以来，我们对董事会的理解存在偏差，还基本停留在西方国家 20 世纪 70 年代之前的认识上，即把董事会理解成管理机构，而非治理机构，突出体现在董事会多数成员都是管理层（经理层）成员。即使是上市公司，政策规定的外部独立董事也仅仅占 1/3，而管理层则常常在董事会中占据 50% 以上的席位。这使得董事会的独立监督作用完全丧失，与国际上董事会治理的发展趋势不相吻合。

从国际上董事会治理的发展趋势看，董事会与管理层的关系经历了三个阶段（参见图 2）。

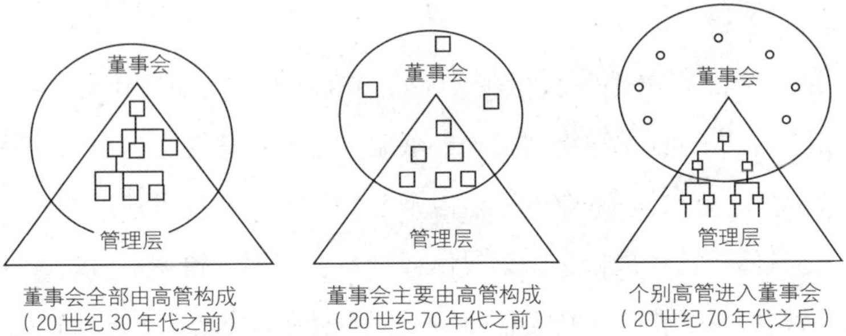

图 2　董事会与管理层关系的变化趋势

资料来源：Tricker B. Corporate Governance: Principles, Policies, and Practices [M]. 4th ed. Oxford: Oxford University Press, 2019.

在 20 世纪 30 年代之前，绝大部分公司的董事会全部由高管构成；20 世纪 70 年代之前，逐渐演化为董事会主要由高管构成；至今，已经演化为董事会基本由独立董事构成，只有个别高管进入董事会。

图 2 中，董事会和管理层的不同形状反映了董事会与管理层的本质区别。圆形代表董事会，代表的是每位董事权利平等的基本原则。董事会没有最高领导者或“一把手”，只有召集人，那就是董事长——独立董事也可以担任董事长。三角形代表管理层，是一种金字塔式的结构，代表的是管理层中下级服从上级的基本原则。管理层有最高领导者或“一把手”，即总经理或 CEO，其他管理者向总经理或 CEO 负责。

从发展趋势看，进入董事会的高管越来越少：在美国上市公司中，独立董事的平均比例已经达到85%，很多标准普尔500强企业董事会中的执行董事只有总经理或CEO一人，董事会高度独立于管理层。

董事会的职责是什么？在《G20/OECD公司治理原则》中有明确的定义，即确保董事会对公司的战略指导和对管理层的有效监督。战略指导权包括公司战略的制定以及为高层管理者提供建议与咨询，不是指具体经营管理权，因为具体经营管理权属于管理层。对管理层的有效监督权是指董事会要监督管理层有效落实董事会审议通过的公司战略。

但是，这两项职责在中国发生了变异：董事会不仅负责战略制定，而且负责具体经营管理，导致董事会与管理层职责高度重叠，难以分清责任。即使是战略制定权，董事会行使得也不够充分，往往被大股东或上级主管机构所左右。至于对管理层的监督权，董事会则无此权，而是交给了监事会。但是，由于监事会不具有战略决策权，其监督动力偏弱，加之人员很少，独立性很差，这种监督权基本上形同虚设。

导致中国董事会职责变异的重要原因是董事会不具有独立性，董事会的战略决策受到多重因素的干扰。又由于董事会与管理层高度重叠，只好放弃对管理层的监督权。目前，在国际上，董事会的发展趋势是从决策型董事会向监督型董事会过渡。中国公司的董事会治理应该顺应这种国际发展趋势，以更好地适应全球化发展的要求。具体来说，包括以下五个方面：

第一，董事会作为代理人，如何做到对委托人尽职尽责？在现代公司中，董事会是作为代理人而存在的；作为代理人，忠实于委托人是基本的契约原则。但是，现代公司大都是股权多元化的企业，并非每个股东都能够派出代表进入董事会，因此，独立代表全体股东和整个公司就成为董事会的必然选择。长期以来，存在的一个误区是董事由谁派出，他（她）就代表谁的利益。由于董事会规模非常有限，不可能每个股东都能派出董事，因此，对董事会控制权的激烈争夺就经常发生，严重影响企业的正常经营。应该认识到，某个股东派出董事，他（她）就可以把该股东的意志传导到董事会，但董事会的决策必须独立于任何股东，应该切断董事会对股权的过度依存关系，避免大股东或最终控制人对董事会的过度干预。另外，公司应该履行社会责任已经成为大多数企业的共识，因为这直接关系着企业的可持续发展。2019 年 8 月，全球 188 家企业巨头签署《公司的目的》，提出公司“不能独尊股东，要重视履行对社会的责任”。无疑，董事会也应该独立代表更多的利益相关者的利益。

第二，董事会作为战略决策者，如何做到战略决策的科学性和合规性？尽管董事会的发展趋势是从决策型董事会向监督型董事会过渡，但董事会并不是要放弃战略决策权，而是把拟定战略决策的任务交给更了解市场的管理层，然后交由董事会讨论、论证和通过。既然需要讨论和论证，每位董事就必须事先做足功课。要建立董事行为准则，而不能仅仅满足于董事会议事规则，要对决策的事项以及涉及的法律和政策有充分的了解和认知，包括会前的调研、沟通（尤其是独立董事之间的沟通，以及董事与投资者等利益相关者的沟通等）、信息核实、进行可行性分析等，以保证决策的科学、可行和合规。在董事会的战略决策中，最重要的是选择有能力、重诚信的总经理或 CEO，并通过给予足够的激励，发挥总经理或 CEO 的最大潜能。

第三，董事会作为监督者，如何做到监督到位，而不被管理层所干扰？董事会作为战略决策者，应该有动力去监督管理层有效落实董事会的决策，因此，应该让对管理层的监督权回归董事会。与此相适应，必须大幅减少董事会中的高管比例，大幅增加独立董事的比例。要充分发挥各专项委员会在监督中的独特作用，尤其是审计委员会、薪酬委员会和提名委员会。按照国际通行的规则，要有效发挥监督作用，审计委员会必须全部由独立董事构成；薪酬委员会和提名委员会中的独立董事比例至少要达到 50%，甚至全部由独立董事构成。但是，在中国公司中，以上三个委员会的独立性很差。以上市公司为例，2019 年，审计委员会全部由独立董事构成的公司比例仅为 1.83%；薪酬委员会和提名委员会中独立董事占比达到 50% 的公司比例分别只有 17.51% 和 17.94%（参见图 3）。而且由于全部上市公司独立董事的平均比例仅为 36.23%，这意味着即使设立了这些专项委员会，其中的独立董事也基本上是重叠的。由于这个比例恰处于政策规定的 1/3 边缘，因此，“凑数”的意味儿非常浓重。

第四，董事会作为利益主体，如何做到既有动力又不被利益所“俘

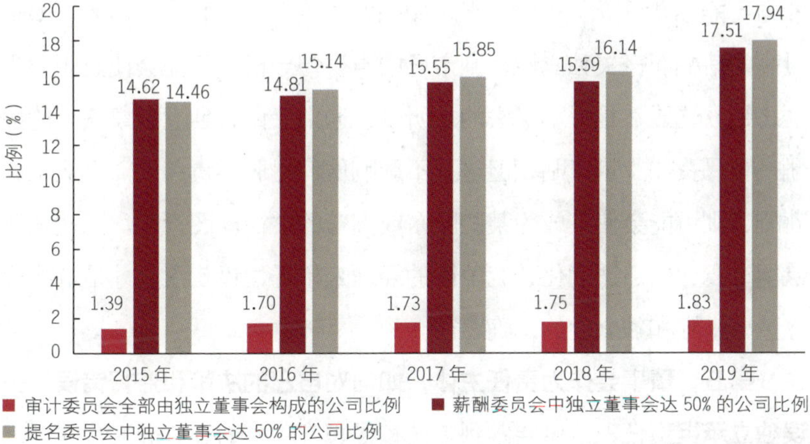

图 3　中国上市公司董事会专门委员会中的独立董事会占比

数据来源：北京师范大学公司治理与企业发展研究中心（高明华主持）“中国上市公司治理分类指数数据库”。

虏”？无疑，董事作为个人需要激励。但这种激励是否一定是薪酬激励，则未必。在发达国家，董事会基本上由执行董事和独立董事构成，而且独立董事占绝对多数（类似中国的外部非独立董事很少）。执行董事是高管担任的董事，其激励方式主要是薪酬激励，且薪酬激励要反映其能力水平：能力高，贡献大，就应该获得高薪酬。而对于独立董事，则薪酬激励不应成为主要的激励方式，而应更多地依赖声誉激励，即独立董事应该主要来自在经理人市场上具有很高声誉的其他公司现任高管。在职业化、透明化、竞争性的经理人市场中，一个成功的高管被其他公司聘为独立董事，这是对其市场价值的认可，其担任高管的公司可能会为其涨薪，因为其讨价还价能力提高了（需要注意的是，如果担任独立董事过多，从而影响其本职工作，则其讨价还价能力可能不升反降）；反过来，如果独立董事不尽职，或者为了追求过高的薪酬而丧失独立性，则市场的声誉传导机制可能会使其职业生涯终结，这显然是得不偿失的。所以，通常来说，独立董事获得的报酬是车马费加少量津贴，但这并不影响他们尽职尽责；而一旦追求高薪酬，则可能会使其成为某些股东或高管的“橡皮图章”。因此，加快促进职业化、透明化、竞争性的经理人市场建设步伐，才是解决独立董事来源和独立性的正确途径。

第五，董事会作为责任主体，如何对自己的决策和监督错误、失误独立承担责任？董事要做到忠诚和尽职，还必须有清晰的责任机制。中国公司的董事会过于强调集体决策，但强调集体决策不能模糊个体责任，否则就会导致集体承担责任而实际上无具体个体承担责任的怪现象，最终导致大部分甚至全部董事都对董事会会议敷衍塞责，董事会会议徒具形式，或者变成少数人或一人决策。对此，应该推进董事会备忘录制度。董事会备忘录制度与董事会会议记录制度的区别在于：前者除了记录董事会会议的程序、董事发言和投票（即董事会会议记录的内容）之外，更注重记录董事会会议前的董事行为，即董事会会议前，每位董事为董事会的某项战略决策具体做了什么，如调研、沟通、信息核实、撰写可行性报告等。每次董事会会议结束后，每位董事必须在董事会备忘录上签字，备忘录具有法律效力。这样一来，一旦董事会所做的某项决策出现问题，就能够很容易地找出具体责任人，以及确定其所承担责任的大小，由此可对董事行为形成很强的约束，激励他们忠实履职。

中国公司的董事会治理问题很多，不仅仅是上面所列举的几点。可喜的是，我国政府已经意识到这些问题，正在着力推动董事会改革。2016 年 2 月，国务院国资委发布“国企改革十项改革试点”，第一条就是落实董事会职权。2020 年 10 月，国务院发布《关于进一步提高上市公司质量的意见》，明确提出董事会要依法合规运作，董事要忠实勤勉履职，要充分发挥独立董事的作用，建立董事会与投资者的良好沟通机制。这些政策为中国公司董事会的规范化明确了发展方向。

本书的出版可谓恰逢其时。如果说前述分析着眼于宏观的话，那么本书就是着眼于微观的落地之作。其中，笔者体会最深的是以下五个方面：

第一，董事会关键角色定位及成员的多样性。董事会主席、审计委员会主席和薪酬委员会主席等是公司董事会的关键角色，他们的关键作用不仅体现在身份的独立性上，还体现在领导能力、专业能力、规划能力和沟通能力等方面。董事会成员的多样性则可使董事会更好地了解市场发展趋势，从而有助于企业成为行业领先者，并实现可持续发展。

第二，如何做好董事会主席？从公司发展的角度来看，董事会主席的卓越领导能力不可或缺。比如，董事会主席要有开放的心态，善于拓展关系网络，更具有包容性，能够营造宽松的董事会环境，及时评估董事会工作，对战略决策有质询的勇气，能够对 CEO 提供有效的指导，对 CEO 的工作勇于“放手”，敢于放弃“最终决策权”，要有危机应变能力等。

第三，打造“共治型”董事会文化。共治型董事会文化注重建立董事之间的互信关系，保证董事们在思想上既开放又专注，对新想法、新方法持开放态度，对决策事项深思熟虑，能够适时对管理层提出建设性意见，同时又能避免其监督工作影响管理层的经营管理活动。

第四，注重董事行为。董事应该出于正确的理由做正确的事，应该在适当时间向管理层提出建设性意见，应该善于做出准确的商业判断，应当询问适当的问题，应该拥有独立观点而不从众，做决策时要有长期眼光。尤其需要注意的是，董事应该区分管理职责和董事职责，董事不应该成为职能型管理者，而是独立的监督者。

第五，构建能够与投资者良性互动的董事会。要适时了解投资者需求，站在投资者角度思考战略，制定投资者互动政策，熟悉投资者行为及其变化。

他山之石，可以攻玉。本书是从全球视野和国际趋势来分析卓越董事会最佳实践的，但对于中国公司董事会治理的完善而言，同样具有非常重要的参考价值，因为融入全球体系是中国公司必然的发展方向。

希望看到作者写出更多的公司治理优秀作品，贡献给致力于中国企业改革和发展的董事、企业家和投资者。

高明华

北京师范大学公司治理与企业发展研究中心主任、

二级教授、博士生导师

“中国公司治理50人论坛”学术委员会执行主任

2021年2月7日于北京

目 录

Contents

第一章

完善董事会“硬件”设置

第一节　董事会结构及其独立性

在现代公司治理框架下，不同市场 / 国家所适用的董事会治理结构不尽相同。其中，英美法系国家普遍采用单元制董事会治理结构体系（图 1–1），即董事会既是决策机构，也是监督机构；而大陆法系国家（如德国、日本、韩国等）则普遍采用二元制董事会治理结构体系（图 1–2），即在股东大会下设立董事会和监事会，分别行使决策权和监督权。

一、单元制董事会治理结构体系

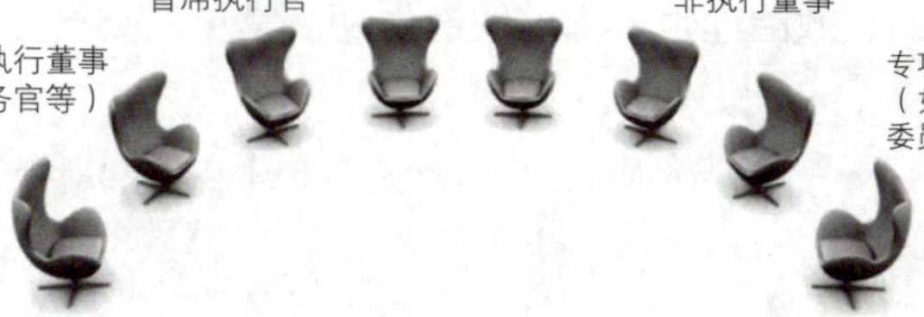

图 1–1　单元制董事会治理结构体系

在单元制董事会治理结构体系中，董事会全体成员共同对公司的长期成功负责，其中：

执行董事：制定整体战略（最终由董事会批准），领导并运营整家公司。

非执行董事：督导公司治理；必要地挑战高管团队或提供相应的支持；负责首席执行官的聘任、奖励及解聘；掌控企业资源的使用和分配；监督战略落实情况（部分国家要求董事会中包括职工代表）。

在单元制董事会治理结构体系中，董事会成员的主要职责如下：

董事会主席	领导董事会，营造讨论环境，确保所有非执行董事的意见被充分听取，并最终制定决策。

独立 非执行董事	具有独立性；带来不同观点；在带来业务相关领域专长的同时，能够适时、有效地提出疑问和不同观点。

通常，董事会设有各类专项委员会，以监督不同的专项领域；委员会对企业的有效治理也发挥着关键作用。常见的委员会有：

专项委员会	· 审计委员会：负责确保审计公司相对于管理层的独立性。 · 提名委员会：负责执行董事和非执行董事的任命。 · 薪酬委员会：负责确保薪酬安排能够有效支持企业的战略目标，负责制定首席执行官和董事的薪酬。 · 风险委员会：负责制定企业的风险管理政策（常见于金融服务企业）。

二、二元制董事会治理结构体系

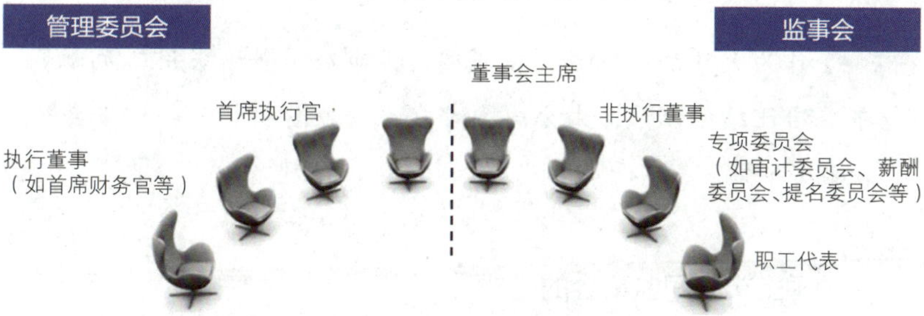

图 1-2 二元制董事会治理结构体系

监事会： 代表利益相关方，监督并向管理委员会提出建议；成员必须具备独立性（部分国家要求企业监事会中包括职工代表）。

管理委员会： 具有法定义务，负责制定企业战略和日常管理。

在二元制董事会治理结构体系中，董事会的主要职责如下：

董事会主席	领导董事会，营造讨论环境，确保监事会成员的建议、意见被充分听取。
监事会	具有独立性；带来不同观点；在带来业务相关领域专长的同时，能够适时、有效地提出疑问和不同观点。
管理委员会	负责公司的日常运营和战略制定。成员通常包括执行董事和非独立董事。

中国上市公司监事会及其特点

作为大陆法系国家，在我国，上市公司普遍采用二元制董事会治理结构体系，由公司内部常设的监督机构——监事会行使监督职能。

▷ 中国上市公司监事会的构成：

· 成员数量不少于3名；

· 监事会成员应当包括股东代表和适当比例的公司职工代表；

· 职工代表的比例不得低于1/3。

▷ 中国上市公司监事会的主要职责：

· 检查公司财务状况；

· 对董事、高级管理人员执行公司职务的行为进行监督，对违反法律、行政法规、公司章程或者股东会决议的董事、高级管理人员提出罢免的建议；

· 当董事、高级管理人员的行为损害到公司的利益时，要求董事、高级管理人员予以纠正；

· 提议召开临时股东会会议，在董事会不履行《公司法》规定的“召集和主持股东会会议”的职责时，召集和主持股东会会议；

· 向股东会会议提出提案；

· 对董事、高级管理人员提起诉讼。

三、董事会独立性

尽管董事会结构有所不同，但是，几乎各个国家都对董事会的独立性做出了明确的要求或建议。 最为普遍的建议比例为 50%，法律法规一般要求董事会中至少有 2 名独立董事成员，独立董事比例达到 1/3 或以上。

贝恩咨询公司的分析显示，目前在沪深 300 指数成分股企业中，独立董事占比为 38%；在恒生综合大型股指数成分股企业中，独立董事占比也仅约为 40%；而在标准普尔 500 指数成分股企业中，该比例超过 80%（表 1–1）。造成如此悬殊差距的原因之一在于，中国证监会规定“上市公司董事会必须至少有 2 名独立董事，并且董事会成员中独立董事比例不得少于 1/3，董事会人数不得少于 5 人”。目前，A 股上市公司董事人数平均为 10 人，其中又以 9 人董事会最为常见，因此，3 名独立董事的出现率最高，刚好符合证监会的相关规定。

表 1–1　全球主要市场董事会独立性概览

	标准普尔 500 指数成分股企业	恒生综合大型股指数成分股企业	沪深 300 指数成分股企业
公司数量	500 家	112 家	300 家
董事总数	约 5,500 人	约 1,350 人	2,952 人
董事会平均规模	11 人	约 12 人	10 人
独立董事总数	约 4,670 人	约 540 人	1,118 人
独立董事占比	85%	40%	38%

数据来源：罗盛咨询与世界大型企业联合会（The Conference Board）联合调研（2019）；贝恩咨询公司 A 股上市公司独董调研（2020）。

实践案例

英美法系公司的董事会结构与独立性

拥有合理的架构设置且保持相对的独立性，是董事会正确发挥治理作用的先决条件。同时，为了帮助董事会更好地履行繁重、复杂的决策和监督职能，设立专项委员会已成为改善公司治理结构的重要方式。

下面，我们分享一个英美法系公司治理体系的典型案例，让读者大体把握一下单元制董事会治理结构的主要特点。

英国电信是欧洲领先的电信业务提供商之一，其董事会是一个权力责任均衡的董事会结构，由 1 名非执行董事长、9 名非执行董事以及 2 名全职的执行董事（CEO 和 CFO）构成。董事长是一名非执行董事，董事长与首席执行官职务分离，由不同的人担任，体现出相对的独立性。非执行董事任职 3 年，在任职期满时，董事会可以根据提名委员会的建议，对其予以留任或续聘。非执行董事的最长任期不得超过 10 年，非执行董事的留任必须提前 12 个月做出通告。超过董事会成员 3/4 的非执行董事架构旨在保证公司董事会的独立性。

英国电信每月召开一次董事会会议（8 月除外），主要讨论企业战略、发展规划和风险管控，审议每年的经营计划和预算，监督公司的运行和财务绩效。

董事会下设四个专项委员会，分别是执行委员会、审计委员会、薪酬委员会和提名委员会。

· **执行委员会：** 由 CEO、13 名业务单元总裁和集团主要职能部门负责人构成。主要为董事会提供公司发展战略建议，并审查战略的执行情况；制定年度运行计划和资本支出计划及预算，评价公司的日常活动和监督公司的大政方针。

· **审计委员会：** 全部由非执行董事构成。负责公司的内部控制和风险管理，审阅并发布财务审计报告和审核公司的信息披露，监督审计师的资格和技能，决定审计费用的支出。

· **薪酬委员会：** 全部由非执行董事组成。负责决定薪酬标准、退休计划、期权和养老金。

· **提名委员会：** 由董事长任主席，另由 3 名非执行董事和 1 名常务副总裁构成。负责所有董事的提名和任命，定期评估董事的职业技能和资格，推荐董事的留任和继任计划。

第二节 董事会专项委员会的设置

在标准普尔 500 指数成分股企业与罗素 3000 指数成分股企业中，董事会专项委员会的构成情况如表 1–2 所示。

表 1–2 董事会专项委员会的设置

专项委员会名称	标准普尔 500 指数成分股企业	罗素 3000 指数成分股企业
审计委员会	100%	100%
薪酬委员会	98%	98.7%
提名 / 治理委员会	98.4%	94.9%
薪酬兼提名 / 治理委员会	1.8%	0.8%
执行委员会	33.8%	20.4%
财务委员会	30.4%	11.2%
风险委员会	10.1%	9.0%
企业社会责任 / 公共政策委员会	2.5%	0.5%
科学与科技委员会	6.1%	3.7%
健康、安全和环境委员会	5.3%	2.3%
法律合规委员会	4.0%	2.9%
战略与规划委员会	1.8%	2.6%
投资 / 养老金委员会	4.5%	3.7%
收购 / 企业发展委员会	0.4%	0.6%
其他常设委员会	27.3%	18.4%

数据来源：罗盛咨询与世界大型企业联合会（The Conference Board）联合调研（2019）。

在国外，有明确条例规定，上市公司必须设立审计委员会。在欧盟条例下，企业审计委员会的主要职责包括：①监督企业财务汇报流程；②监督企业内部把控、内部审计及风险管理体系的有效性；③监督每年度综合账目的法定审计工作；④审阅并监督法定审计员 / 公司的独立性。美国的萨班斯法案同样要求独立审计委员会监督企业的审计和财务汇报流程、财务报表的审计工作。同时，审计委员会还直接负责相关外部审计公司的聘任、薪酬、留用和监督工作。

国外的董事会普遍设立的其他专项委员会还有薪酬委员会和提名 / 治理委员会。尽管多数国家并未对企业是否应该设立薪酬委员会和提名 / 治理委员会做出强制要求，但是可以明确的是：专项委员会应当确保其独立性，一般要求独立性高于 70% 或达到 100%。

根据所在行业特点，很多企业还会设立以下类型的专项委员会：

健康、安全和环境委员会：常见于工作环境风险高、员工事故 / 死亡率高的企业，例如冶炼加工、能源和制造等行业。

企业社会责任委员会：常见于企业产品对其消费者有不同程度风险的企业（例如食品饮料业、制药业、消费金融服务业、烟草业和博彩业）或容易破坏运营环境的企业（例如在欠发达地区开采自然资源的企业）。

风险委员会：在设立审计委员会以外，金融服务行业企业还会特别设立风险委员会，来更好地监督集团的各项风险因素。委员会每年都要编制并发布风险报告。

不过，设立专项委员会既有优点，又存在一些顾虑（图 1-3）。具体是否应该设、如何设，应根据企业自身情况灵活选择。

＋）
- 确保董事成员有专注的时间展开讨论某一话题；
- 帮助利益相关方（投资者、股东、员工等）更好地了解董事会的关注事项。

－）
- 董事日程紧凑，组织会议难度大；
- 需要额外指派与管理层对接的角色；
- 需要更强的统筹能力，以协调各委员会所需要的信息；
- 需要额外时间在董事会议上进行汇报。

图 1-3　设立董事会专项委员会的考虑因素

第三节　董事会关键领导角色的要求

一、董事会主席

对董事会主席的关键要求包括：

· 带领董事会高效运作；

· 监督整个战略制定过程；

· 及时为首席执行官、高管团队提供支持和咨询意见，能够适当挑战管理团队；

· 与首席执行官一同维护、建设股东关系及利益相关方关系（如客户、供应商、员工等）；

· 确保企业制定了完备、有效的董事会和高级管理层成员继任规划；

· 能够清晰、有效地与企业内部及外部不同类型的受众沟通；

· 每周有 1–3 天时间致力于董事会主席角色的职责。

董事会主席的过往经验应包括：

· 丰富的董事经验；

· 成功领导一支高效、专业的董事团队的经验（但担任董事会主席的经验并非硬性要求）；

· 投资者的广泛认可和尊重，清楚机构投资者的要求；

· 另有一些加分项，如公司财务、兼并收购、抵御收购等相关经验。

实践中，董事会主席多为：

· 前上市公司首席执行官或首席财务官。必须是首席执行官能够尊重、学习的对象，了解首席执行官的处境和挑战。投资者同样希望董事会主席具备出色的领导经验及带领企业实现出色业绩表现的经验；

· 具备与企业业务规模相当（或更大）的业务领导经验。

我们研究了标准普尔 500 指数成分股企业董事会主席的背景、性别结构、任职情况和任职经验等（图 1–4、图 1–5、图 1–6、图 1–7），提炼出了董事会主席的关键要求和特质。

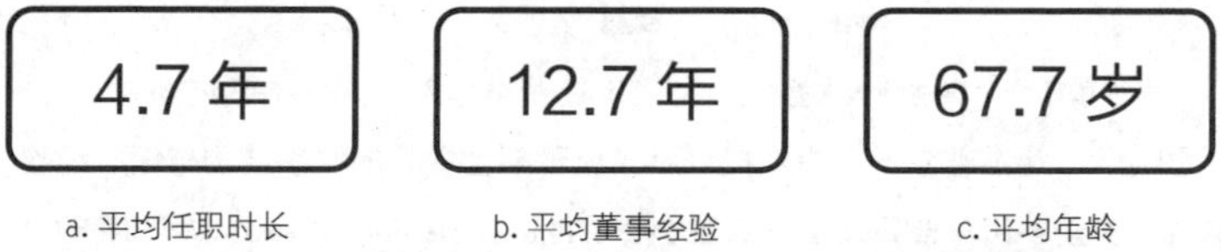

图 1–4　标准普尔 500 指数成分股企业董事会主席背景

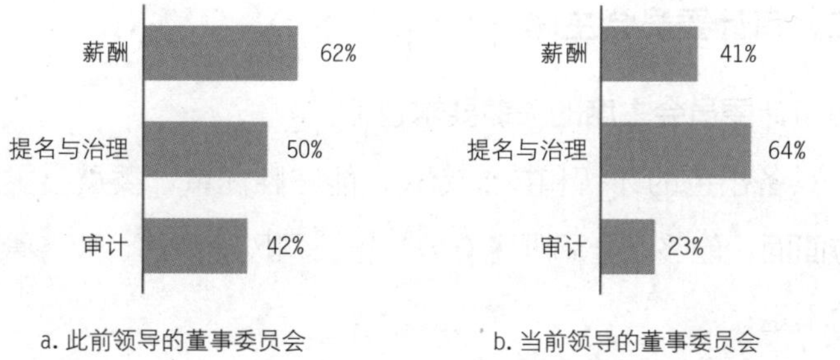

图 1–5　标准普尔 500 指数成分股企业董事会主席在董事委员会中的任职情况

数据来源：罗盛咨询与世界大型企业联合会（The Conference Board）联合调研（2019）。

a. 曾经领导过董事委员会的比例　　b. 兼任董事会主席和董事委员会领导者的比例

图 1-6　标准普尔 500 指数成分股企业董事会主席担任董事委员会领导职务的情况

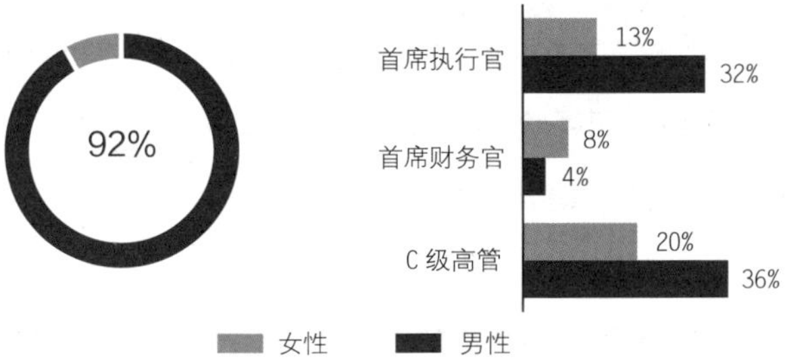

a. 男性董事会主席占绝大多数　　b. 过去 10 年内上市公司任职经验

图 1-7　标准普尔 500 指数成分股企业董事会主席的性别结构与任职经验

数据来源：罗盛咨询与世界大型企业联合会（The Conference Board）联合调研（2019）。

二、审计委员会主席

对审计委员会主席的关键要求包括：

· 具备出色的才智和技能专长，能够胜任审计委员会主席角色的方方面面，能够以全局眼光有效指出公司风险评估、业务管理流程方面的不足；

· 能够发挥领导作用，坚持自身立场；

· 能够按时出席董事会会议，主持董事会主席、首席执行官、首席财务官、外部审计负责人和内部审计负责人一同参与的委员会会议。

审计委员会主席的过往经验应包括：

· 现任或曾任财务总监，通常具备上市公司财务总监角色经验；

· 曾任审计公司合伙人；

· 现任或曾任财务规模相当的上市公司首席执行官；

· 部分情况下，为现任或曾任部门财务总监；

· 部分情况下，具有企业财务相关咨询背景，如具备审计资质的银行家。

三、薪酬委员会主席

尽管未有法律法规对薪酬委员会主席的经验要求做硬性规定，但根据委员会的主要作用，薪酬委员会主席的过往经验应包括：

· 已退休的首席执行官，或集团人力资源总监，或具备大规模员工管理经验的高管；

· 具备上市公司薪酬委员会运作经验，无论是以执行董事身份还是作为委员会成员或主席；

· 了解薪酬和福利架构的最新和最佳实践；

· 良好的投资者关系和媒体关系。

第四节　董事会最新发展趋势

一、成员多样性

成员多样性是推动董事会高效运作的另一项重要因素。具备不同业务专长、市场经验的董事会能够帮助企业有效预见、规避各项风险，并避免陷入“集体性思考”。经过多年努力，在标准普尔500指数成分股企业中，女性董事成员的数量已经显著上升，从2016年的19.3%上升至2019年的22.5%(图1-8)。着眼未来，领先企业也将加强关注董事的年龄和国籍等要素，以进一步提升董事会的多样性。

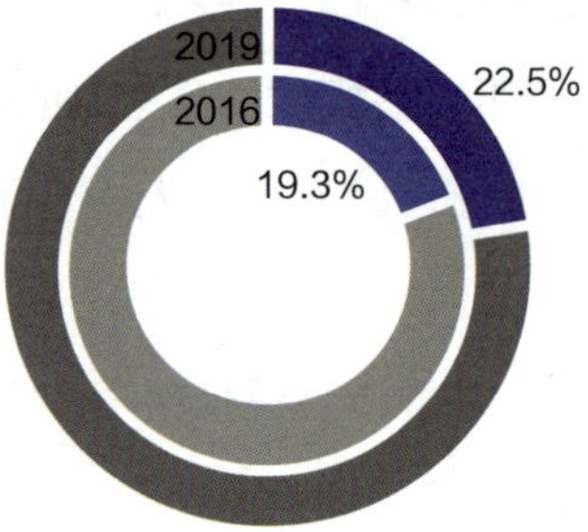

图1-8　董事会发展趋势：女性董事成员占比增加

数据来源：罗盛咨询与世界大型企业联合会（The Conference Board）联合调研（2019）。

二、数字化转型和新兴技术

在新冠肺炎疫情的催促下，各行各业正加速探索数字化技术的潜力。尽管转型任务迫在眉睫，但是如何充分地发挥技术和数据的力量，来改造当前的业务模式、提升企业运作效率，并建设以客户为中心的组织能力，仍是困扰多数企业的问题。在此过程中，董事会也应当具备相关领域专长，有效督促企业的数字化转型进程，为企业营造转型文化氛围并适当地支持或挑战管理层。麻省理工学院斯隆商学院的一项研究显示，在年收益高于 10 亿美元的企业中，24% 的企业董事会已经拥有具备数字化技术 / 新兴技术领域专长的董事（图 1–9），这些企业的市场表现（如收益增长、资本回报率和市值）也显著高于其他企业。

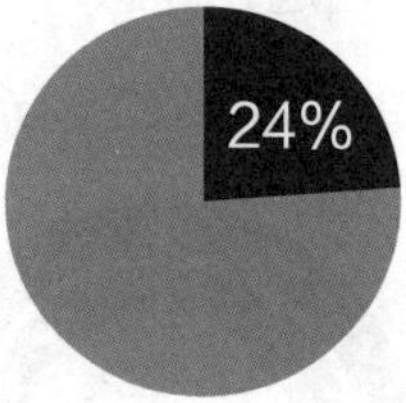

图 1–9　董事会发展趋势：具备数字化技术 / 新兴领域专长的董事会已成新兴趋势

数据来源：麻省理工学院斯隆商学院董事会数字化与公司表现调研。

三、可持续发展

除了要求董事会具备出色的公司治理能力，越来越多的投资者开始关注环境和社会责任等话题对企业的潜在影响。近年来，在美国企业提交的股东会议案中，环境和社会责任相关的议案得到 30% 以上支持率的数量显著上升，从 2017 年的 28% 上升到了

2019 年的 48%(图 1-10)。

2019 年，贝莱德集团（BlackRock）便率先倡导践行可持续发展投资，积极履行投资督导职责，敦促企业推进可持续业务发展、提升公司治理水平。在 2020 年可持续发展投资报告中，贝莱德指出，集团在上半年已经筛选出了 244 家企业，断定这些企业在管理气候风险或在气候风险方面进行信息披露时表现欠佳。贝莱德对 244 家企业中的 53 家企业投了反对票，并将余下的 191 家企业纳入“待观察”名单。若这些企业仍不能取得实质性进展，贝莱德将于 2021 年对其管理层投出反对票。由此可见，董事会和管理层亟须加强关注可持续发展话题，并思考如何将其体现在企业的整体战略中。

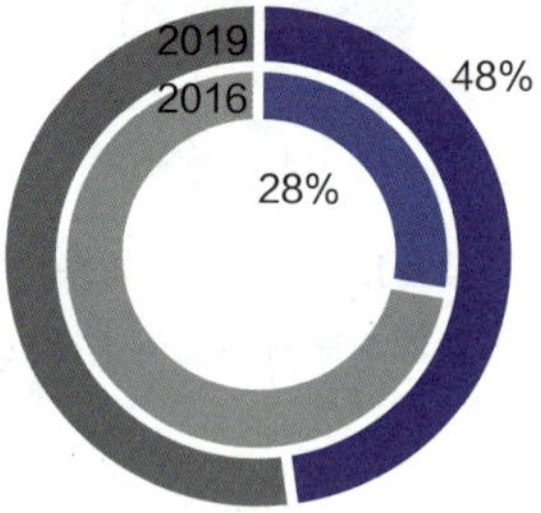

图 1-10　董事会发展趋势：环境和社会责任相关议题的议案占比提升显著

数据来源：罗盛咨询与世界大型企业联合会（The Conference Board）联合调研（2019）。

第二章

打造董事会“软实力”

第一节　卓越领导力

一、董事会主席角色不可或缺

董事会主席是董事会的首要领导者，同时也是设定董事会运作基调、方向和文化的核心角色。而董事会主席角色的空缺则可能对董事会的治理效益及企业运营能力造成不利影响。

为了更好地了解董事会主席角色的必要性，罗盛咨询将标准普尔 500 指数成分股企业在 2015 年 1 月 1 日至 2017 年 12 月 31 日期间创造的股东总回报率进行了排名。排除期间更换过董事会领导者或没有董事会主席的企业后，我们从 137 家企业（67 家表现最好的企业和 70 家表现最差的企业）中选取了排名前 50 和末 50 名的企业。从数据结果中，我们发现：在排名靠后的企业中，有 6 家企业的董事会由持有大量公司股权的执行董事负责领导。相比之下，排名靠前的企业中仅有 2 家企业存在这种情况。这些数据或已经能够指向性地向我们说明，独立的董事会主席的缺失将难以保障董事们拥有一个能够充分表述不同观点的讨论环境。

二、卓越董事会的领导力需求

为进一步了解董事会主席对董事会运作效益的影响和作用，罗盛咨询曾邀请来自数十个国家的 369 名上市公司董事，分别对他们的董事会效益以及影响董事会效益的各类因素（如董事会主席、董事会文化、董事投入时间等）进行评分。通过调查，我们发现，董事会主席领导力是能够显著影响董事会效益高低的唯一要素（图 2-1）。

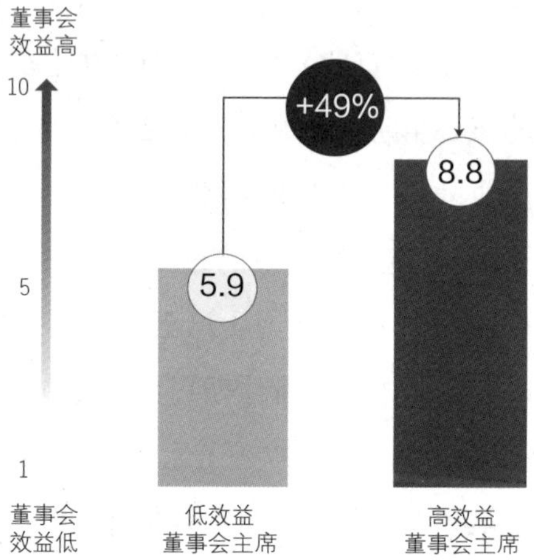

图 2-1　董事会与董事会主席效益高低关联性分析

数据来源：罗盛咨询全球董事会文化和董事行为调研（2016）。

那么，董事会主席究竟可从哪些方面发挥领导力，提高董事会运作效益？而高效益董事会主席的领导力究竟有哪些卓越之处？

首先，董事会主席应当充分认识到：董事会是否能够为企业带来充足、有效的外部观点是影响企业运作效益的一项重要因素。面对愈发复杂多变的外部环境，董事会必须具备足够多元的能力、经验、背景来有效解读各类事件对企业业务的潜在影响，以帮助企业更好地把控风险、把握机遇。

这便要求董事会主席在聘请董事成员的过程中充分考虑董事会

的多元性需求，积极考虑不同经验背景的候选人。一支高效益的团队不仅具备长远的战略视野，同时还能提供具体的行业经验及专长。而董事团队的多元性也不仅仅是指董事专长及能力的多元，还有团队成员风格、性情的“混搭”——既有理性分析者，也有感性战略者；既有调解者，也有质疑者。

而董事会主席的工作也并不止于达成以上“硬件”标准，董事会文化等“软件”因素对董事会治理效益的影响同样不容忽略。高效益的董事会需要董事会主席积极发挥其在董事会运作管理、董事会会议主持等事项上的领导作用，为企业营建一个真正开放包容的讨论环境，以充分汲取董事们的不同观点。

因此，我们建议董事会主席：

· 以开放心态考虑不同经验背景，甚至是没有董事经验的董事成员候选人；致力于为新任董事提供符合其个人需求的指导和发展培训。

· 积极拓展外部合作伙伴及关系网络，丰富候选人的选择渠道。

· 从流程和文化上对董事会进行重塑，最大限度消除董事们的固有偏见，使之更具包容性，更好地容纳不同背景的董事。

· 悉心经营、管理董事会环境，对损害董事会讨论环境的行为采取“零容忍”态度。

· 积极开展董事评估工作，收集董事们的反馈意见，并及时推进改进措施。

董事会需要能够提供不同观点、敢于提出质疑的非执行董事。重要的是，还要拥有一个能帮助董事会发挥积极作用的环境。

——英国国家电网公司董事会主席　Peter Gershon

其次，董事会主席作为董事会与首席执行官及高级管理团队之间的桥梁，还需要投入大量精力培养两者之间坦诚互信的合作关系。面对投资者和市场对于企业日益严苛的治理要求，董事会与首席执行官的有效合作至关重要：一方面，能帮助董事们更好地了解首席执行官的战略理念；另一方面，能确保首席执行官在构思战略理念的时候充分获取董事会的专长和建议。董事会主席可积极利用其作为会议召集者的角色，例如在董事会议开始前召集专业委员会议、鼓励大家在董事晚宴上互动讨论等，为双方创建更多、更有效的互动条件。

此外，帮助董事会构建与高级管理层之间的沟通渠道也是提高董事会治理效益的有效方法之一。通过与高级管理层建立联系，董事们能够更好地从不同角度了解企业业务和职能部门的优势及所面临的挑战，从而在董事会议上提出更确切有效的问题，为管理层提供更契合企业发展需求的战略指导意见。与此同时，董事会能够对企业的后备力量形成更深刻全面的了解，以在首席执行官及高管成员继任规划事项上提供更充足的建议。

我们建议，董事会主席应更多地关注以下基本要素，以更好地发挥领导作用：

· **有效指导 / 建议首席执行官：**董事会主席作为首席执行官的“常备军师”，为其提供有效的战略思考建议。卓越的董事会主席不仅聚焦决策内容本身，同时关注战略落实过程中的各项考量，以为首席执行官提供缜密、可操作的执行建议。

· **追问战略决策：**卓越的董事会主席应具备质问战略决策的勇气，追问首席执行官决策背后的逻辑和意义，探究决策对组织绩效的影响和作用。

· **行动果断：**在危及企业治理标准的关键事项上（如危机管理事件），果断采取行动，进行干预。

· **合理参与战略制定与继任规划事项：**卓越的董事会会以长远的眼光治理企业，首席执行官的继任规划工作便是其中的重要一环。董事会主席无疑是继任规划事项的主要推动力量，但应明确与首席执行官之间的权责界限。例如，在批准继任规划战略的时候，董事会主席应当积极带领董事成员参与讨论；而对于具体的战略制定过程，则可更多地交由首席执行官进行主导。

· **积极参与：**董事会主席应当充分展现对管理企业治理工作的积极性，确保参与讨论各类与企业绩效攸关的事项。

· **与首席执行官共同合作，设定预期、日程、流程、决策规则：**一方面，与首席执行官建立有效的沟通机制，帮助首席执行官更充分地了解董事会的预期以及董事会制订决策所需掌握的信息内容；

另一方面，在设定董事会日程、流程和决策规则过程中，积极寻求首席执行官的意见和想法，以制订最高效益的决策机制。

· **与高级管理层建立联系**：积极带领董事会与高级管理层中的核心成员建立联系，并洞悉核心高管成员的背景、性格、能力，更好地了解组织的优势与不足。

· **有效沟通并协调**：董事会主席应能够公开、坦诚并积极地与首席执行官及董事成员沟通交流，推动首席执行官与董事成员进行有效探讨，鼓励董事成员展开辩论，但同时能够有效发挥主持、引导作用，以确保讨论产出积极成效。

三、有效甄选卓越董事会主席

1. 排除非核心因素

为了帮助企业更有效地甄选董事会主席候选人，同时更好地了解卓越董事会主席的特质，我们分析了标准普尔500指数成分股企业，将近3年来股东收益排名前50名和末50名企业的董事会主席的过往经验、任期、年龄等基本情况进行了分析比对。然而，两组企业呈现的数据结果相差无几：在我们研究的变量中，两组数据的中位数和平均值近乎一致(图2-2)。

我们发现，企业容易倾向于有上市公司首席执行官工作经验的候选人。这一点并不难理解，因为他们能够很好地在投资者面前代表公司。此外，他们更容易站在上市公司首席执行官的角度

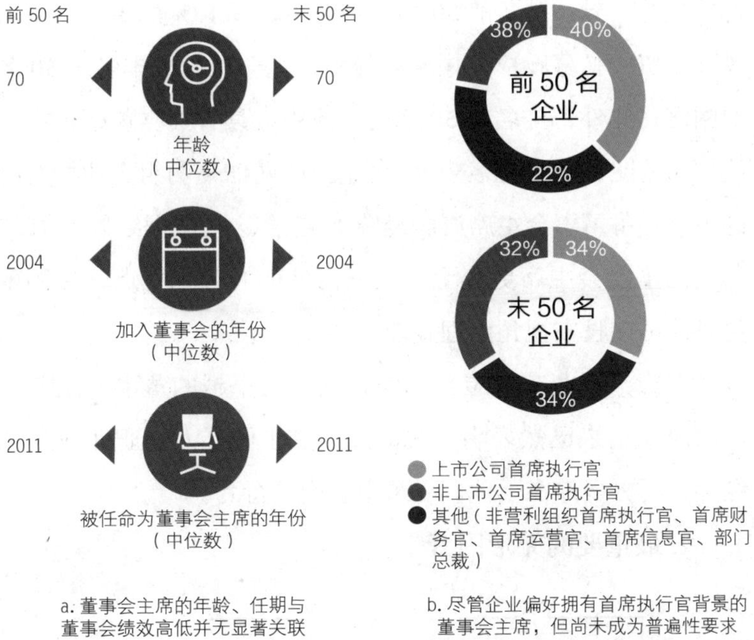

图 2-2　董事会主席经验背景分析

数据来源：罗盛咨询全球董事会文化和董事行为调研（2016）。

进行思考，懂得如何更好地为首席执行官提供咨询意见。这一特质对于初次受命的首席执行官而言尤为宝贵。然而，我们的数据分析显示，尽管两组企业中都有相当比例的董事会主席曾任（或现任）上市公司首席执行官角色，但显然不是所有的企业都会对此提出要求，两组企业中的多数董事会主席都不曾担任过上市公司首席执行官。

进一步研究两组企业董事会主席的背景，我们发现了一些值得关注的差异：排名前 50 名的企业中，有 18% 的董事会主席具备风险投资或私募股权公司履职经验，这一数据是排名末 50 名企业的两倍；此外，排名前 50 名的企业中，具有独立董事会主席经验的主席的比例也是排名末 50 名企业的两倍（两组企业均有约 40% 的主席具备董事会主席履职经验）。综合这些数据结果，可以推测，顶尖的董事会主席更善于引入来自外部的客观观点，带领董事们更多地站在股东视角治理企业。

那么，企业究竟应当如何甄选一名卓越的董事会主席呢？我们的研究结果已然表明，关键并不在于候选人的职业成就或董事经验，而更多地在于他们在董事会中的行为。

2. 最重要的无形因素

> *当董事会在现任董事会成员中选拔董事会主席时，董事们更多是根据同僚们的行事风格和特点进行判断：他在董事会中是否积极活跃？他与其他董事成员及首席执行官关系如何？而在评估一名不太活跃的董事会成员时，则会更加关注他是否具有领导能力。*
>
> *——罗盛咨询董事会和首席执行官咨询业务联席负责人*
>
> *Charles A. Tribbett III*

董事会主席与首席执行官之间的化学反应无疑是最主要的无形因素。因为如果董事会主席仅仅获得董事成员认可，而无法与首席执行官顺利合作，就难以带领企业取得瞩目的成功。其实，除了这类极其主观的因素，一些个人品质或行为特质也可以帮助企业预测候选人是否能够成为一名出色的董事会主席。

在罗盛咨询所做的 2019 年全球董事会文化调查中，我们邀请了全球 750 名上市公司董事对他们所在董事会的运作效益进行评分（图 2-3）。同时，结合这些企业的绩效表现，我们评选出了一批表现卓越的董事会。进一步研究它们的董事会主席后，我们发现了高效益董事会的董事长更为普遍展现的行为特质：他们拥护董事独立性，积极寻求不同观点，鼓励高质量辩论。

对比英国企业的董事会构成，我们也可观察到类似的用意：在监管要求下，每家英国大型上市企业基本上都聘任了董事会主席，而这些主席多具备良好的独立性，此前未在受聘董事会中担任过任何职务。

同样地，我们会建议企业在评估作为董事候选人的退休 CEO

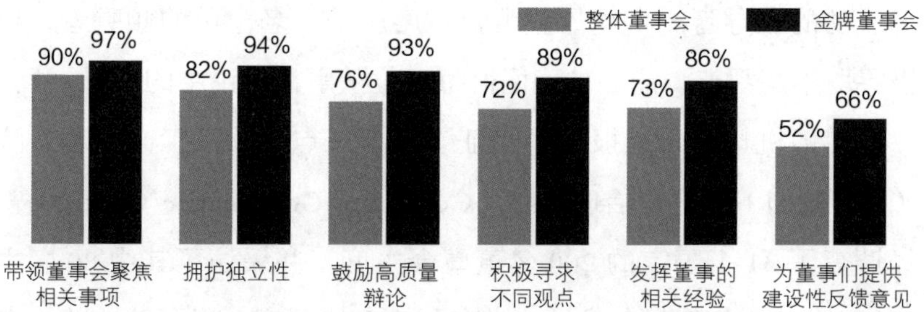

图 2-3　了解“金牌董事会”：董事会主席的卓越行为特质

数据来源：罗盛咨询全球董事会文化和董事行为调研（2019）。

注：在此次调研中，董事们认为运作高效且连续两年及以上超越股东总回报基准的董事会被称为“金牌董事会”。

时首要关注：他是否能够放手管理？他能否营造可激发优质辩论的会议环境，而不是一味地主宰决定？ 对此，企业不妨通过观察一些细节迹象找到答案：他是否已经开始培养内部继任候选人？他是否已经取得了高度的业务成就，且能够保持一颗谦逊的心态，无意进一步证明自己？

只有真正有兴趣想要了解不同观点和经历的董事会主席才能获得董事成员的真实想法和有价值分享。他们寻觅未被听取的声音，并为大家打造一个能够积极参与的讨论环境。

——葛兰素史克公司前董事会主席　Philip Hampton

最后还需要强调，“勇气”是保障独立性的最核心因素。过分鼓励或质疑首席执行官或董事成员的董事会主席均无法成为一名成功的领导者。卓越的董事会主席应是一名出色的倾听者，积极寻取不同观点，能够准确记得每一位董事在讨论中的贡献。

其他机构的研究报告也印证了以上三点。欧洲工商管理学院（INSEAD）的公司治理中心（Corporate Governance Centre）曾经调查了 31 个国家的 200 名董事会主席，并采访了其中 80 名主席，以及 60 名董事会成员、股东和首席执行官，以了解成为一名卓越董事会主席的要素及条件。随后，INSEAD 在《哈佛商业评论》发表了题为《如何成为一名优秀的董事会主席》的文章，并为董事会主席提出了 8 点建议。其中，首要的一点是董事会主席要“在场外指导”，即多多鼓励董事会成员参与讨论，而非宣扬主张个人观点。此外，文章还补充强调，高效益的董事会主席仅占用 5%~10% 的会议时间；相比之下，较低效益的董事会主席则需占用 20%~30% 甚至更多的会议时间。

为了帮助更好地理解卓越董事会主席的特质，我们总结了不称职董事会主席所具备的行为特征：

·因为过分看重这一角色，而将之视为体现自我价值的机会。拒绝与他人共同制定重大决策事项。

· 无法敲定议程，听任首席执行官和执行董事们决定董事会所议论的事项。

· 无法保障董事们具备均等的发言机会，任由某位或部分董事主导讨论。

· 无法保证信息对等。例如，在专业委员会会议上宣布了某些重要信息，却未在整体董事会上宣布。

· 回避与首席执行官或不称职董事会成员讨论棘手问题。

为了避免上述情况，我们建议董事会在选聘董事会主席过程中，可对以下要素加以思考：

· 现任董事会主席有哪些做得好与做得不好的地方？哪些事项亟须改进？

· 现任董事会成员对候选人的选择顺序是什么？是否与首席执行官的选择一致？

· 候选人是否有会议主持经验？他是如何主持的？

· 候选人能否与首席执行官融洽合作？

· 候选人有哪些职业成就？他是否愿意放弃最终决策权？

· 候选人是一名倾听者还是一名健谈者？

· 下任董事会主席的任期预计为多久？是否符合候选人的期望？

选择一名卓越的董事会主席是一门艺术，同时也是一门科学。随着董事会结构和公司治理标准的不断完善和提升，董事会主席的重要性也日益凸显。选聘董事会主席必将是一次艰难的抉择过程，但是，在正确的选择体系及分析方法下，董事们定能做出对董事会、企业和股东们最有利的决定。

实践案例

卓越董事会主席的最佳实践

该董事会主席负责领导一家大型澳大利亚上市工业企业，主张营造包容开放、坦诚互信、高效合作的董事会环境，其践行的董事会治理模式在业内得到广泛认可，被称为“最佳实践”。

作为董事会的首要负责人，该董事会主席坚持每年对董事个人及董事会整体的表现、发展情况进行充分评估，以更好地掌握董事会的运作情况：

首先，采取调查问卷的形式，对董事 / 董事会在过去一年中对企业治理的贡献进行量化评价。问卷的调查对象不限于董事成员，还包括企业的核心高管团队成员，以听取管理层对董事 / 董事会的反馈意见。

其次，通过独立第三方对董事会进行客观评估。例如，罗盛咨询已连续 5 年与该企业合作，为其提供董事会效率评估服务。罗盛咨询顾问与董事、首席执行官进行一对一的深入访谈，获取董事成员间、董事会与首席执行官之间的彼此看法，同时对标市场中的其他优秀董事会，为该企业发现董事会潜在的技能不足及发展需求。

董事会主席在得到评估结果后，会与董事成员逐一进行详尽的反馈工作。董事会主席认为，董事对公司治理的贡献不应局限于其所专长的领域，所以十分注重对董事能力的全面培养。例如，在了解到某位董事欠缺财务敏锐度后，便鼓励并支持其前往国际一流的商学院进修。另外，调查问卷结果和来自第三方的客观评估报告也成了董事会主席应对股东激进主义的有效工具，股东能够同时从量与质的角度有效跟踪董事会的能力变化及运作效率，大大增强了董事会运作的透明度。

最后，该董事会主席对董事会多元性的承诺不仅仅体现于对现有董事成员能力的培养，更致力于思考如何从本质出发，为董事提供包容开放的讨论环境和文化氛围。例如，在数字化技术颠覆下，董事会急需引入一名具备数字化技术领域专长的董事。但该董事会主席认为，要在数字化时代取得成功，董事会需要补足的不光是对数字化技术的了解，更需要增强董事会适应不确定性、挑战现状、推动创新的能力。因此，董事会主席希望这名董事具有创造性的思维方式，能够从不同的视角为董事会注入新鲜的观点，甚至颠覆现有的流程程序，以进一步释放董事会的潜力。在此背景下，企业聘请了一名来自私募基金公司的女性董事，该董事在信息、通讯、技术及能源行业积累了 20 余年工作经验。尽管这名董事未曾在任何大型上市公司担任董事，但董事会主席认为，其具备的管理咨询顾问及风险投资人的角色经验能够很好地为董事会带来所需的创新视野。这名女性董事加入公司后，也用出色的成绩证明了董事会主席的睿智判断。

董事会主席成功修复董事会运作效益

案例背景

在上一个案例中，我们谈到了一家澳大利亚大型上市企业的最佳实践，接下来我们再分享一个有趣的案例。这是一家亚洲企业的董事会，我们来看看该企业董事会主席是如何修复一个意见分裂且运作效益低下的董事会秩序的。

这是一家东南亚企业，该公司的董事会由 1 名首席执行官、2 名执行董事和 3 名独立董事组成，其中 1 名独立董事担任董事会主席。

在首席执行官卸任前夕，2 名执行董事跃跃欲试，争当首席执行官的继任候选人。他们每一方都掌控着一个内部网络，以维系其支持者，并借此搜集内部信息。更有甚者，他们意图以诋毁另一方为手段而行使其董事职责——比如提交直接或间接指责对方业绩不佳或管理不善的报告。因而，该公司的董事会会议经常沦为吵架比赛，董事会主席在秩序修复中面临巨大难题。

除董事会主席外，另外 2 名独立董事表现得对董事会秩序毫无兴趣，整个董事会变得效益低下，首席执行官提交的商业计划经常被搁置。董事会专项委员会上报审批的其他事项也是如此。

案例分析

在这一关键时刻，该企业的董事会主席意识到，董事行为的失效会对公司治理带来严重的问题，因此聘请独立第三方咨询公司对其董事会运作效益进行整体评估和客观分析，研究发现一系列导致董事会职能失效的不当董事行为：

· 无视内部制度。故意违反董事会的内部秩序规则，例如无视董事会主席的指令，乃至公开贬损董事会或特定董事的决定。

· 缺乏相互尊重。在一些董事会会议中，服务时间长的董事、新董事或新首席执行官得不到应有的尊重。小团体和派系斗争通常是董事会职能低效的征兆。

· 颠覆权威。某些董事存在小团体行为，故意排除其他董事，以不透明的方式开会，并试图通过规避董事会或董事会专项委员会合法权力的决定。

· 挑衅行为。对其他董事进行人身攻击、使用辱骂性语言或发表煽动性言论，所有这些都会对董事会的运作产生反作用。

· 推进个人议程。受个人利益驱使，反复采取行动来推进偏离公司最佳利益的个人议程。例如，一些董事的行为是为了提高他们在公司中的层级或地位，或者提高他们的个人声誉。

· 主导董事会事务。有些董事过于夸大自己的能力和重要性。他们试图将自己的观点强加给他人，而不考虑他们之间的关系，也不考虑对董事会发展的长期损害。

· 无所作为。董事有时会试图避免承担与董事会决策相关法律责任的风险，这是由许多原因造成的。比如，有些董事只关心报酬，而不关心担任董事的责任；而另一些董事则可能会被其他董事的决定所压倒。

解决方案

通过咨询顾问的专业评估，董事会主席意识到，2名执行董事显然都在专注于推进他们的个人议程，把自己定位为CEO的接班人。这最终导致他们将个人野心与董事会事务混为一谈，也就构成了对内部秩序和规则的无视和挑衅行为。其他2名独立董事因无所作为，也应担责，需要提醒他们始终遵守委托代理制的义务和责任。

董事会主席分析了哪些董事的哪些行为导致了董事会的整体失调。对于每一位董事，他分别传达了一条信息，试图说服他们回归有序的行为：

·私下劝告董事。董事会主席与每位违规董事私下交谈，指出其不受欢迎的具体行为，以及这些行为是如何影响董事会整体的有效运作的。

·为不当行为提供替代方案。董事会主席描绘了董事应当表现出的建设性和可接受的行为，而不能做出不利于董事会有效运作的行为。

·提供持续辅导。董事会主席安排对董事进行积极行为方面的培训，如团队合作和沟通技巧。

·重新评估董事行为。在一段合理的宽限期过后，董事会主席与董事会一起评估董事是否表现出足够的改进。对不称职的董事，则要求其辞职，或以其他方式将其从董事会中除名。

经过一段时间的坚持，这一系列举措有力地改善了董事行为，并使其回归正轨，也充分反映了董事会主席的领导力在董事行为塑造方面所起到的关键作用。

第二节　构建共治型高效董事会文化

一、了解卓越董事会的文化特征

每个企业的董事会都有自己独特的文化氛围，在我们与不同的董事会合作寻找董事成员过程中，几乎每位董事都会向我们描述他们的董事会文化的独特之处，并且强调寻找合适的董事人选的重要性。但我们同时注意到，当董事们试图定义他们理想的董事会文化时，往往会将重点落在“共治”“尊重”等字眼上。

在罗盛咨询所做的 2019 年“金牌董事会”全球董事文化调查中，我们重点考察了一批运作高效且治理效果卓著的“金牌董事会”，希望通过了解它们来更好地解读卓越董事会的文化特征。此外，除了董事会本身,我们还关注了那些认为自身所在董事会的文化最具吸引力、专业且高效的董事会成员，希望了解是哪些因素让他们脱颖而出，他们身上又有哪些值得其他董事借鉴、学习的地方。

通过比较，我们发现，“金牌董事会”拥有更高的参与度，其董事们普遍更为积极，认真参与自我评估工作。他们倾向于花更多时间讨论与企业文化相关的事项，并将企业文化列为常规议题讨论。此外，拥有高度共治型文化的董事会也更有信心地认为企业的文化符合董事会的期望 ——这也正好回应了那些要求董事会加强对企业文化进行指导和监督的呼声（图 2-4）。

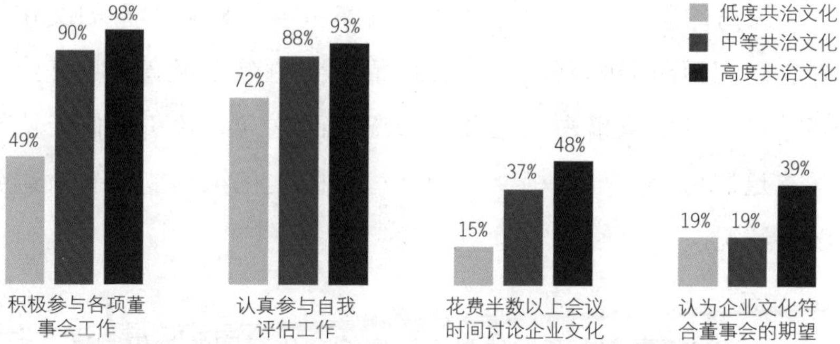

图 2-4　共治型文化的董事会的想法和行为不同于其他董事会

数据来源：罗盛咨询全球董事会文化和董事行为调研（2019）。

二、构建卓越的董事会文化

董事会需要投入大量精力打造一个积极、有吸引力的董事会。董事行为、董事会主席的领导力和董事会如何分配时间、精力等因素无不影响着董事会的动态。其中，董事会主席毋庸置疑地发挥着核心领导作用——董事会主席是构建、维护董事会文化，领导董事会及推动集体讨论活动的重要力量。他们带领董事们有效地开展自我评估，致力于确保董事能够发挥其专长。

罗盛咨询所做的 2019 年“金牌董事会”全球董事文化调查结果显示，“金牌董事会”的主席更善于引导董事会将注意力集中于相关事项上，鼓励董事保持独立性，推动董事之间开展高质量的辩论活动。我们还发现，那些最成功的董事会主席都是优秀的协调者。他们能最大限度地发挥董事会作为集体的作用和董事个人的作用。董事会主席的上述行为将有效提高董事会成为“金牌董事会”的概率。

优秀的董事会主席还会着力培养董事们相互尊重的文化氛围。我们不时会听到董事们反映董事会中存在声音最响亮或者姿态最激进的董事占据上风的情况，而这会导致董事们无法展开充足的讨论。与之相反，相互尊重的文化氛围能够有效避免以上情况。

高效董事会主席构建强包容性的文化氛围的常见方法

· 尤其是在讨论“棘手”问题时，为董事创造能够畅所欲言的讨论环境，鼓励开放性辩论

· 通过培训或建立管理制度，最大限度地消除董事会中存在的或潜在的偏见

· 注意避免使用可能象征少数群体的言语用词（例如，称呼女性董事为“女士们”）

· 仔细经营管理董事会环境，对创造敌意环境的行为采取“零容忍”态度

· 通过董事会评估等工作了解董事们的想法和意见，及时发现需要改正的行为

同时，这种文化的建立与每一位董事的行为相关，需要董事们的共同努力。在罗盛咨询所做的 2019 年“金牌董事会”全球董事文化调查中，我们再次询问了董事们所推崇的“金牌”董事行为（图2–5）。尽管此次调查的样本数据（750 位董事）几乎为 2016 年的两倍，但

我们得到的结果出奇地相近。

当董事们能够避免从众思维，表达不同观点时，董事会实现“金牌”治理效率的可能性增加 16.8%

当董事们能够认真听取并真切希望了解不同观点时，董事会实现“金牌”治理效率的可能性增加 13.7%

当董事们能够积极参与并专注讨论时，董事会实现“金牌”治理效率的可能性增加 13.4%

图 2-5　“金牌”董事有助于董事会实现“金牌”治理效率

数据来源：罗盛咨询全球董事会文化和董事行为调研（2019）。

我们的调查结果显示，拥有共治型文化的董事更致力于与其他董事建立互信关系。他们在思想上既开放又专注。他们把注意力放在当前事务上，并力求避免讨论不相干的问题。此外，他们对新想法、新方法持开放态度。拥有共治型文化的董事还具有深思熟虑的特点，他们能够在适当时候对管理层提出建设性的意见，同时避免其监督工作影响经营和管理活动。与此同时，他们努力完善与 CEO 及其他高层管理人员的关系。这些董事清楚了解继任人选的管理才能，并对公司业务和文化有着更清楚的认识。当然，构建这样的董事会文化并不可能一蹴而就，需要董事们长此以往的坚持和努力，采取有助于构建共治型董事会文化的行为和活动（图 2-6）。

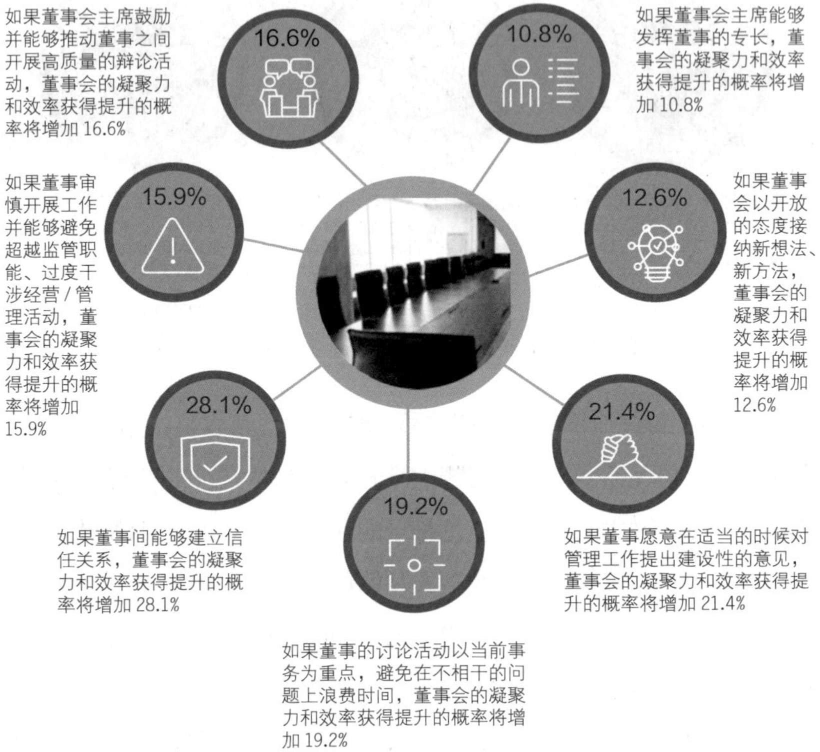

图 2-6　有助于构建共治型董事会文化的行为和活动

数据来源：罗盛咨询全球董事会文化和董事行为调研（2019）。

对话英国森特理克集团（Centrica）前董事会主席 Roger Carr 爵士

英国森特理克集团是英国最大的天然气供应商，也是全球最大的公共事业服务企业之一，其主要业务是向民用、工业以及化工客户供应燃气。此外，该集团还经营金融服务及电信服务。2018年，英国森特理克集团在世界500强排行榜中排名第318位。

Q 请问董事会主席在董事会组成及文化方面发挥着怎样的作用?

A 董事会主席的作用贯穿董事会成员的挑选、董事会基调的设定、整个企业的文化形态塑造等各个环节。董事会主席运用其影响力，而非通过权力操纵来实现以上目标。如果一名董事会主席能够出色地履行他的职责，那么董事会就能更高效、更加齐心协力地围绕着企业的整体利益而运转。

Q 在设定董事会基调的过程中，董事会主席具体应当怎么做? 采取哪些步骤? 又如何施加影响力?

A 我认为，作为董事会主席，首先必须对企业应当如何运作具备明确清晰的价值理念。这关乎企业文化，也关乎价值理念，包括是非对错的信念、企业的运作方式、企业所需的透明度，以及企业是以股东利益为导向的还是能够兼顾更广泛的利益群体。所以，董事会主席应当首先塑造好核心理念，并在此基础上为董事会设定文化基调，最终带领董事会向前发展。

三、董事会文化如何影响企业文化

数据调查结果已然向我们证明，拥有共治型文化的董事会更为重视对企业文化的塑造及影响，而其所在企业的文化也会更加符合董事会的期望。接下来，我们将以多元化与包容性话题为例，进一步阐述董事会对企业文化的影响作用，以及一个拥有卓越的共治型文化的董事会是如何塑造并指导企业文化发展的。

根据罗盛咨询对全球 2,100 余名高管的调查结果发现，当董事会和管理层身体力行地倡导多元化与包容性时，25% 的企业员工感到更有参与感，47% 的企业员工感到更有创造性，41% 的企业员工感到更有归属感，43% 的企业员工更愿意留下来（图 2–7）。

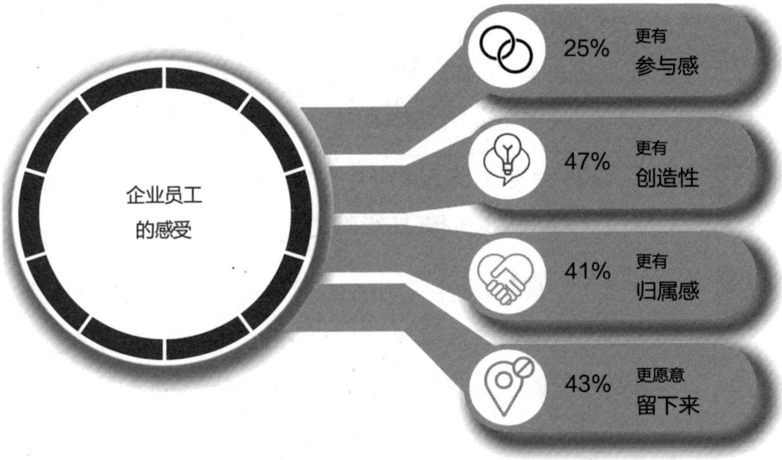

图 2–7　多元化与包容性更强的企业对员工感受的影响

数据来源：罗盛咨询多样化与包容性调研（2017）。

1. 改变始于董事会主席：董事会主席必须带领董事会以身作则

> *很多时候，我们说董事会和管理层的主要作用是设定企业文化的基调。我认为，董事们能够以身作则更为重要。*
>
> *——IBM 公司拉美地区总经理　Ana Paula Assis*

推动企业多元化与包容性发展本身就已经是一项非常艰巨的任务，而我们时常听到来自董事们的抱怨：单一的董事会成员结构大大削弱了企业的可信度，对于企业兑现其多元化与包容性的承诺来说无疑更是雪上加霜。董事会的构成可被视作体现企业价值观念和决心的重要象征。这时候，董事会主席应该发挥其角色功能，消除对董事会候选人的固有偏好，以丰富董事成员的经验背景，管理董事行为及反馈流程，以营造包容、健康的文化氛围，确保董事会议程包含多元化与包容性话题，并及时跟进发展情况，在董事会中起到模范带头作用。

董事会主席要想发挥领导作用，构建多元包容的董事会文化环境，可从三个方面着手（图 2-8）。

确保董事成员的多元性，囊括女性、少数群体及不同观点。丰富董事候选人的选择渠道，消除对理想董事候选人的固有偏好

作为董事会中仅有的“稀有”成员，这位具有不同背景或不同性别的董事难免会不自觉地压抑自己的想法，从而错失发挥专长的机会。解决这一问题最简单有效的方法便是聘请足够多不同背景的董事——如果每一个人都不同，则没有人再因不同而不同。

——贝恩资本高级顾问　Melissa Betgell

营造包容性的董事会文化氛围，以充分发挥董事会的多元化优势，鼓励董事积极参与、贡献专长，建设性地质疑各类设想及观点

董事们需要能够真正地敞开心扉，倾听不同的意见和想法。诚然，与思维方式相近的同事合作更为简单，因为能够轻松理解彼此的语言。而要构建真正的包容性文化，董事会必须能够适应不同类型的风格，只有这样，董事会才能最大限度地汲取每位董事的专长。这不仅仅是简单地增加女性董事——就如同我时常注意到的，在一些董事会会议中，运营负责人的谈话风格就显然不如战略管理者的风格容易被人接受。

——英国沃达丰集团首席财务官　Margherita Della Valle

确保董事会议程涵盖多元化与包容性话题，明确地向企业传达该事项的重要性，关注相关数据发展趋势，并适当质问管理层

如果多元化和包容性话题都不在董事会的议程上，企业无法顺利推进或兑现多元化承诺就不足为奇。

——英国易捷航空公司董事会副主席　Charles Gurass

图 2-8　构建多元包容的董事会文化环境

2. 通过董事会行为设定企业文化基调

企业文化基调这项隐性因素虽然看不见、摸不着，却可以成为董事会用以推动企业多元化发展的重要推手。董事们的行为和关注事项的优先顺序无不是向企业传递出的信号，如果董事们频繁地询问企业多元化发展的进度及细节，那么首席执行官及企业管理层便会自然地采取更为认真的态度，更积极地关注该事项。董事会发挥治理作用的一大途径便在于向管理层提问。拥有共治型文化的董事们不仅会积极提问，更懂得如何提出高质量、一针见血的问题，而且会帮助管理层更好地思考、完善战略规划及执行方法。例如，董事们可询问管理层企业应该如何发展多元化人才，如何帮助不同背景的高潜力人才在企业中获得充足的学习机会，丰富自身技能及经验，以确保企业未来管理层的多元性（图 2–9）。

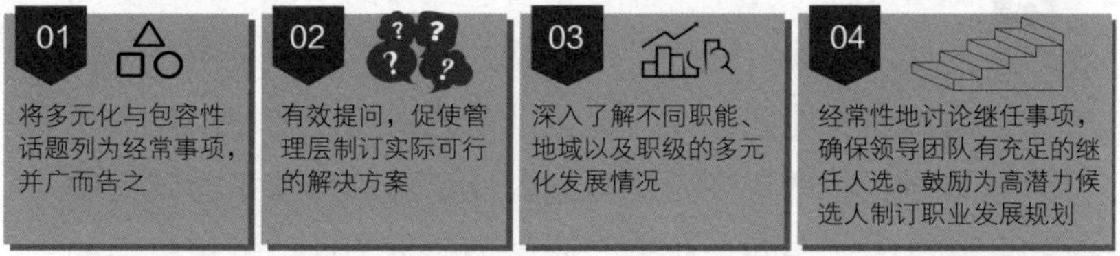

图 2–9　推动企业发展多元化与包容性的方法

对话英国沃达丰集团（Vodafone）首席财务官 Margherita Della Valle

Margherita 同时担任英国沃达丰集团首席财务官及英国森特理克集团审计委员会主席职务。

沃达丰集团被公认为一个多元化与包容性领域的先驱型领军企业。2015 年，沃达丰集团成为首批在全球范围推行强制性最低产假制度的跨国企业。2017 年，公司启动了“再回沃达丰（Reconnect）”项目，旨在帮助由于家庭需求离开岗位一段时间的员工更顺利地重返工作岗位。

Q 在推动多元化与包容性的过程中，董事会应当扮演什么样的角色?

A 董事会需要在不干涉日常管理工作的情况下，在更高的企业战略层面发挥好设定基调的作用。董事会应当经常性地向管理层提问，询问企业当前的多元化状况以及人才管理战略。通过将多元化与包容性话题列为董事会议程中的经常性内容，向企业表明该事项的重要性以及董事会的重视程度。

Q 除了在战略层面为企业设定基调、在会议上向管理层提问外，董事会如何施加更为直接、显著的影响作用？

A 其实，董事会有许多与企业不同职级的管理层互动交流的机会，而这些机会都是董事会施加影响力、向公司传递信息的窗口。

曾经有一次，企业组织董事会参观一处天然气接收站，当时一名年轻的女性刚刚被任命为该接收站的总负责人，而其下属都已是资历深厚的老员工。我们认为，董事会有责任对这名女性管理者表现出支持，帮助她更好地在团队中树立威信。因此，董事会在与这名负责人互动的过程中，展现出了充分的认可与尊重。我相信，通过这次参观，董事们的行为和表现能有效地影响团队成员对她的看法和态度。

此外，董事会应当认真倾听企业的诉求并积极采取行动。曾经我们有一名即将休产假的女性高管认为，由于日后需要更多地兼顾家庭生活，在休假离开之后便无法再回到从前的岗位，甚至无法回到现在的企业。董事会得知后，非常直接、坦诚地面对了这个问题。我们进行了多次探讨，并深入研究了该如何采取行动来避免此类情况再度发生。最后的处理结果也非常成功，该员工现在管理的业务部门是集团最大规模的业务部门之一。

构建卓越董事会文化

案例背景

在改革开放渐进式的过程中，“走出去”逐渐成为中国企业国际化进程的关键词。作为一种直接对外投资方式，中国企业对外跨境并购已成为一种趋势，但在并购后的董事会治理上面临诸多挑战。

这是一家创立于中国，业务遍及全球 100 多个市场的高科技公司，通过海外并购实现了全球化发展，构建了行业领先的多元文化与运营模式。在并购了海外公司后，该公司也相应地对董事会结构进行了优化重组。

案例分析

在中国企业的跨境并购中，很多企业均设立了完善的董事会结构，但董事会治理中最容易被忽略的则是被称为“软实力”的董事会文化。在跨文化背景下，董事会文化建设显得尤为重要。

在新的董事会构成中，包括来自中国企业的董事，来自被并购海外公司的董事，还增加了有中国境内跨国公司运营经验且中外文化兼修的独立董事。

该公司董事会的“硬实力”配置完善后，董事们之间经验相互匹配，年龄合适，性别也呈现多样性。但是，在实际运作中，跨文化的冲突为董事会带来了前所未有的挑战。

解决方案

一位外籍独立董事分享了他的观察，从一个独特视角透视出中国企业的董事会文化建设。

首先，中国的董事们更愿意把董事会会议放在国内，这样他们可以省去每年去国外旅行的三四周的时间。

其次，区别于国外每次两天半时长的董事会会议，中国董事更习惯参加每次 4 个小时的董事会会议，且不含专项委员会会议。会上，中国董事倾向于集体表决，而且会有一位发言人代表大家讲话，其观点则是他们在会前沟通好并达成共识的。

如果董事长是中国的企业家，那么被并购的海外公司最好也选举出一位资深且受信任的董事经常往返于国内外，成为双方沟通的桥梁。在董事会会议上，中国董事长也常常会把主持董事会会议的工作交给这位海外董事，省去了自己整天说英文的要求。

在沟通方面，中国的董事长有时候急于做成一件事，没有通过董事会就直接找到海外的 CEO（董事）。这有可能使海外 CEO 产生困惑，不知道是该直接听董事长的还是坚持说要经过董事会的讨论。在海外 CEO 的眼里，董事长授予董事会的权利要么不太清晰，要么没有被彻底理解。这个问题需要特别重视。

还有一些与董事会本身无关，但从文化的角度会对董事会会议的效率起到一定作用的因素。比如，在国外开董事会会议时，假如语言成为一种障碍，那么为中国董事们雇一位谙熟中文金融概念的华人做翻译就很重要。另外，如果在国外开董事会会议，尤其是那种时间长达两天以上的董事会会议，务必要准备一些中餐。

第三章

卓越运营

第一节　快速融合新董事成员

为了更好地满足当今业务环境下的治理需求，我们观察到，越来越多的企业董事会正在突破传统的招募思维和渠道，以寻聘具备不同技能和经验的董事成员；同时，也有更多不具备董事经验的候选人被选入董事会。虽然上任培训并不是董事会的一项经常性工作，且更多是针对新董事成员，但是，做好新董事上任培训工作可为董事会日后的高效运作打下必要基础。罗盛咨询在一项前期调查中采访了多名英国董事，董事们普遍反映需要经历 6 次以上的董事会议才能完全适应董事会的整体节奏。如果是会议间隙更长的美国企业董事会，我们大致可以推算出，新董事们普遍需要至少一年以上的适应时间才能有效地发挥专长。

2018 年，为了更好地了解董事会开展上任培训工作的情况，罗盛咨询向部分“财富 500 强”企业发起了一次调查，最终收集到了来自 100 多家“财富 500 强”企业的 160 位董事的回复。其中，有 20% 的董事是初次担任董事，有 80% 的董事具备董事任职经验，有 75% 的董事曾在董事会中担任领导职务（图 3–1）。分析结果之后，我们发现，许多董事会目前所提供的上任培训显然不能为新董事提供充足的帮助。尽管新聘董事们的行业及任职经验跨度已经呈现扩大趋势，但是只有少数董事会能够为新董事提供真正符合其个人需求的上任培训。在我们的调查结果中，仅有 24% 的董事表示他们经历了量身定制的上任培训；相比之下，58% 的董事表示他们的上任培训仅是一般的标准流程，与其他董事的上任流程没有任何差异。

图 3-1 新董事上任调查结果

数据来源：罗盛咨询“财富 500 强”新董事上任培训调研（2018）。

我们建议，董事会可通过打造一些模块化的上任培训项目，根据不同董事的需求进行定制组合，并且以循序渐进的方式为董事提供培训。同时，我们呼吁董事会更好地调动董事会中资历深厚的董事资源，或考虑通过董事辅导项目，帮助新任董事更好地感受到来自整体董事会的欢迎，更高效地融入董事集体。

我们向董事会提议，可从以下五项要素着手，完善新董事上任培训流程（图 3-2）。

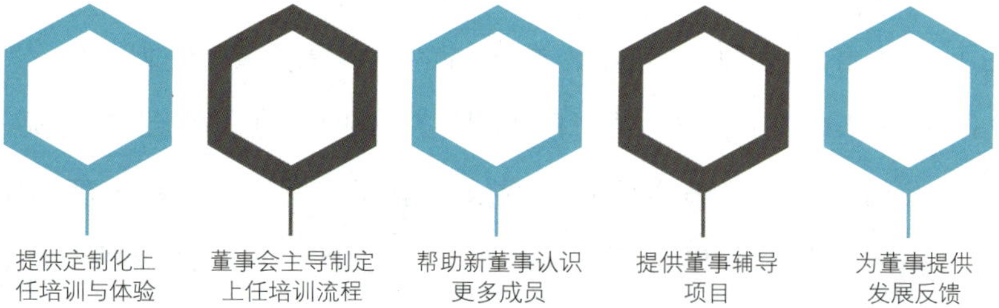

图 3-2 新董事上任培训流程

一、提供定制化上任培训与体验

许多企业已经开始有意识地丰富董事成员的背景及经验，例如，聘任有丰富管理经验的总经理、来自相邻行业的高管、具备国际业务或数字化转型专长的高管等，以确保董事会具备足够多元的治理能力和专长。但是，问题也很明显：一方面，董事间的差异正日益扩大；另一方面，董事们的上任培训项目却尚未能够良好匹配董事们的多样性背景需求。我们的调查结果显示，58% 的董事表示他们参加的是企业统一标准的培训流程，还有 18% 的董事表示企业并未为其正式提供任何上任培训项目，仅有 24% 的董事表示企业为其提供了量身定制的上任培训（图 3–3）。

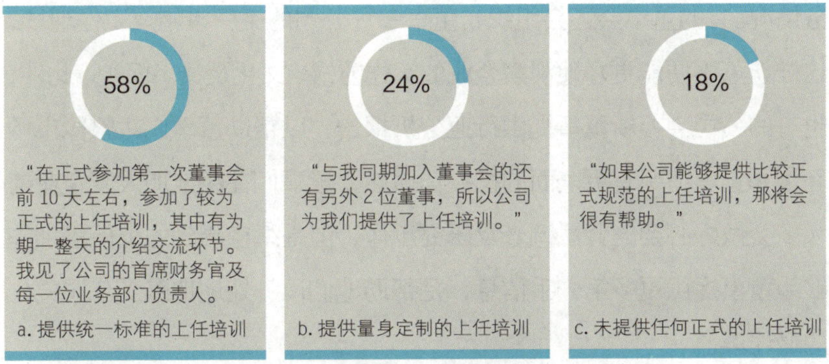

图 3–3　新董事上任培训项目调查

数据来源：罗盛咨询“财富 500 强”新董事上任培训调研（2018）。

同时，我们发现，不同专项委员会为新董事提供上任培训的情况也不尽相同。仅有 47% 的董事在加入专项委员会前受到过专门的培训。

而在为董事提供上任培训的专项委员会中，以审计委员会为最多，占将近半数，薪酬委员会约占 30%，提名与治理委员会约占 11%，剩余的则为其他类型委员会。

定制化、有针对性的上任培训将帮助新董事更好地熟悉、适应董事会环境、更快进入董事角色状态，以为企业做出贡献。董事会可在打造一套标准化的核心内容的基础上，通过组合一些可调整定制的附加项目，并考量多种因素，从而满足不同董事的上任培训需求（图 3–4）。例如，对于第一次担任董事职务的董事，可能更需要向他普及董事会的条例和基本规范，而对于来自相邻行业的董事，则更需要帮助他补足行业知识及相关的专业术语。此外，上任培训项目应当着重帮助董事认识董事会全体成员、高管团队成员及熟悉公司业务情况。有的董事会还会组织新董事参观公司的工厂设施及工作现场，这样新董事便能更好地观察企业的运作方式、文化及员工面貌。此外，也有的公司会为新董事提供行业分析报告，以帮助董事们对整体市场环境和竞争情况有更全面的把握。诚然，董事们在决定加入某企业前大多会做好必要的背景调查及研究工作，但是缜密周到的上任培训能够为董事提供更多第一手信息，是帮助他们设身处地地感受公司文化的最佳渠道。

最后，上任培训的节奏把握也是一项重要考量。为期 6~9 个月的上任培训能够更好地为新董事提供一个循序积累、不断发现的过程，效果也将显著优于一次性向董事灌输大量信息。

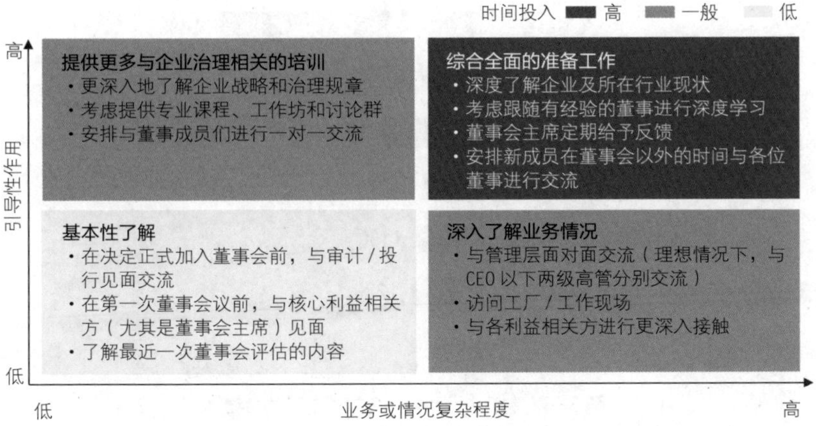

图 3-4　董事会制订新董事上任培训项目过程中的考量因素

二、董事会主导制定上任培训流程

在被调查的董事中，有 44% 的董事表示他们的上任培训项目是由董事会秘书负责制订的，只有少数董事会主席在其中发挥了主导作用（图 3-5）——在我们的数据样本中，这一比例约为 12%，仅略高于无人引导、自己摸索上任的董事比例。

但是，通过我们的实践观察，最有效的上任培训应当是由董事会主席或者提名 / 治理委员会主席主导，在董事会秘书或其他高管（如法律总顾问、CFO 等）的支持下制定的。因为相比其他董事成员，董事会主席有着更为全面的视角，对董事会文化及战略有着更深入的了解。同时，相比企业管理层的成员，他们对企业发展现状的看法更为客观、独立（图 3-6）。

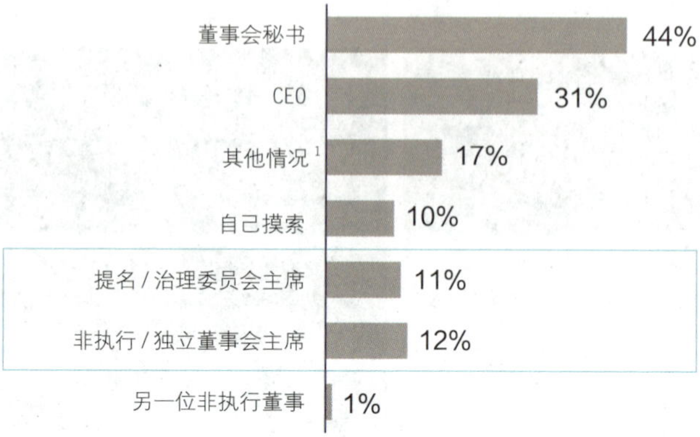

图 3-5　制订新董事上任培训流程的负责人

数据来源：罗盛咨询“财富 500 强”新董事上任培训调研（2018）。

注：其他情况包括：CFO 与法律总顾问；董事委员会；CHRO；提名 / 治理委员会结合董事会主席意见；CEO、董事秘书及一名董事成员；法律总顾问；其他高管成员；董事与管理层。

虽然董事会领导者应当肩负起制订上任培训流程的主要责任，但这并不意味着欢迎新董事仅仅是董事会领导者的工作。相反，每一位董事都应当参与其中。董事会主席或专项委员会主席不妨在此发挥牵线作用，鼓励资历更为深厚的董事邀请新董事一同就餐，为其提供

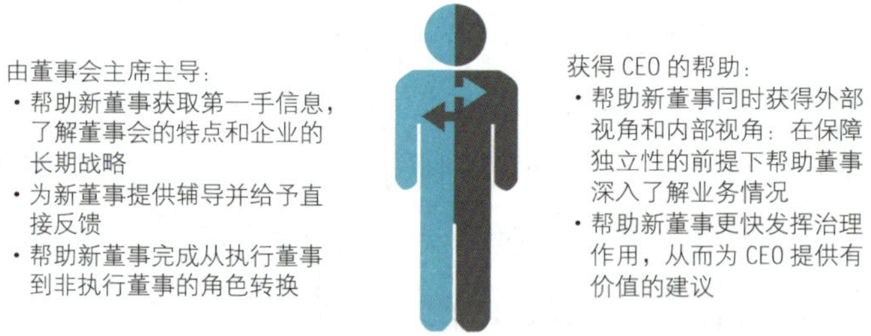

图 3-6　董事会主席与 CEO 应对新上任董事进行指导

深入交流的机会，帮助董事们更好地互相了解彼此。

三、帮助新董事认识更多成员

令我们惊讶的一项发现是，竟然有相当比例的董事在经历了面试流程以及上任培训流程后，仍然未曾与公司的核心高管成员有过面对面交流（图 3–7）。数据显示，有将近 1/4 的董事未在面试过程或上任培训中与董事会主席见面，更有大量董事未曾有机会认识公司的 CHRO 或内部审计负责人。

候选人只需获得董事会主席、CEO、法律总顾问的认可即可通过面试、获得董事席位的情况并不少见，但新董事在经过上任培训后都未与董事会主席会面的情况则使我们感到意外。不止于董事会主席，我们同样建议新董事与 CHRO 及内部审计负责人等职能高管进行交流，毕竟他们是帮助董事了解企业文化及财务情况的最佳人选。

上任培训期是新董事们加深了解公司整体情况和业务内容细节的良好机会窗口，因此董事会应当充分利用这一机会，为新董事安排与公司每一位核心领导成员（包括董事会与高管层级）进行面对面交流的机会。通过这些谈话，一方面，新董事们能够更快地熟悉董事集体；另一方面，他们也能更好地提前准备，构思第一次董事会议上的提问内容。

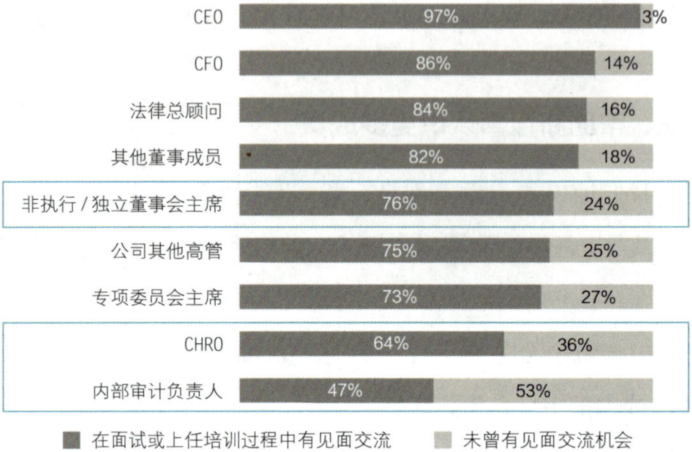

图 3-7　新董事第一次参加董事会议前与公司高管一对一见面交流的情况调查

数据来源：罗盛咨询“财富 500 强”新董事上任培训调研（2018）。

四、提供董事辅导项目

其实，对于董事们而言，每年同处一室的时间不过 8~10 天。许多董事的行程更是日理万机，匆匆赶来参加董事会会议后便又匆匆出发赶往其他城市参加下一场会议。若非有心经营，很难想象董事会们能够在如此短暂而仓促的见面中深入了解彼此并快速有效地建立联系。因此，在融合新董事的过程中，董事会不妨有心地为新董事创造一些与资深董事建立联系的机会。

近年来，我们观察到，越来越多的董事会启动了董事辅导项目，效果也颇为显著。其中，比较普遍的做法是为新董事指定一位更为资深的董事作为董事导师（图 3-8）。在新董事上任后的 2 年内，两位董事之间将保持经常性的沟通交流，董事导师不仅可以向新董事分享董事会的发展历程及文化特色，还可以为新董事提供发展指导，帮助他 / 她更好地在董事会中发挥专长。虽然董事辅导项目的持续时间一般不会超过 2 年，但是董事们在此过程中建立、积累的相互联系往往能够超越项目本身而继续延续下去。

目前，仅有 6% 的董事称董事会为他们指定了董事导师。董事们反应，通过导师辅导项目，他们最大的收获便在于对董事文化形成了更深刻的了解。我们认为，随着时间推移和导师机制的不断发展完善，将会有越来越多的董事能够从中获益，董事辅导项目对董事的帮助也会更为广泛。

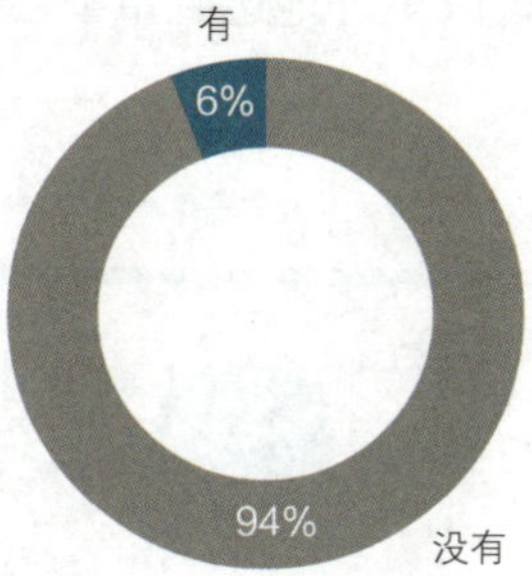

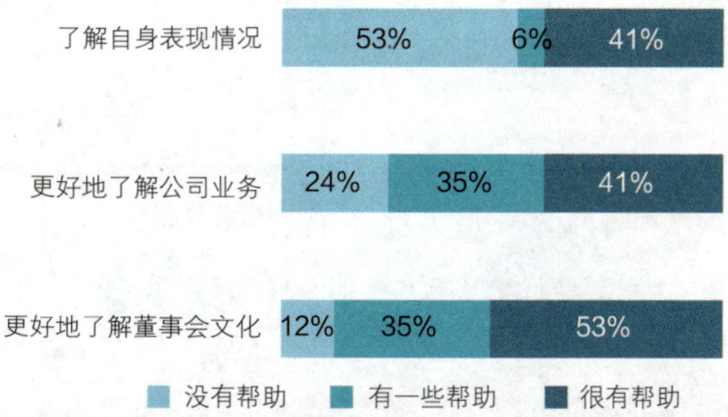

图 3-8　董事导师配备及发挥作用情况调查

数据来源：罗盛咨询“财富 500 强”新董事上任培训调研（2018）。

五、为董事提供发展反馈

在为新董事提供反馈方面，董事会亦有充足的提升空间。在与董事们交流的过程中，我们时常听见董事们担忧自己的表现，他们不知道自己是否达到了董事会的期望，也不了解其他董事对他们的看法。究其原因，更多是因为董事获得的反馈不够充足或直接：在我们调查的董事中，半数以上董事在上任 6 个月的时候没有从董事会主席那里获得发展反馈或指导交流。

在新董事上任后 6~12 个月期间，董事会主席应当安排与他们进行一次一对一的交流，为新董事提供及时的发展反馈（图 3–9）。在反馈过程中，董事会主席应当清楚、直接地告诉新董事他在哪些地方做出了有价值的贡献，在哪些地方需要尽快补足，以更好地达到董事会预期。

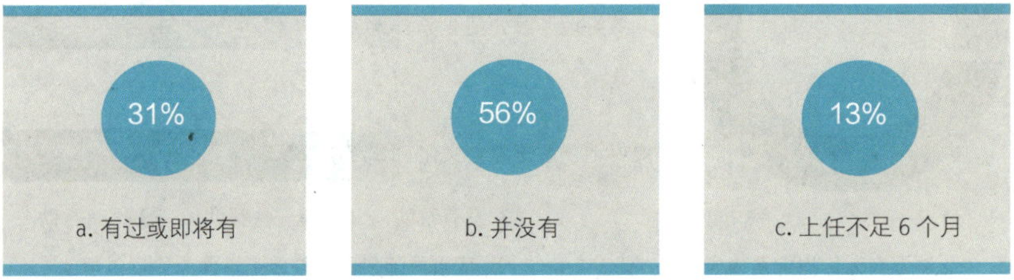

图 3–9　新董事上任 6 个月后接受董事会主席一对一指导的情况调查

数据来源：罗盛咨询“财富 500 强”新董事上任培训调研（2018）。

总之，在董事们的背景、技能及观点日趋差异化的背景下，对新董事的上任培训可以成为融合新董事、增强董事互动和凝聚力的良好契机。安排妥当且针对性强的新董事上任培训，不仅能够帮助新董事更快适应董事会节奏、发挥专长，同时还能提升董事会整体运作效率，为公司创造更多价值。

由此，我们建议董事会加大投入，进一步完善新董事的上任培训项目，为新董事提供一个由董事会主导、集体董事参与、契合新董事个人需求的欢迎流程（图 3-10）。

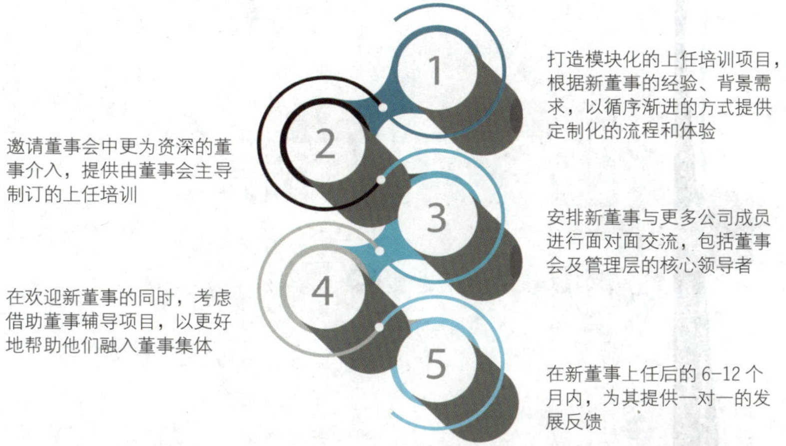

图 3-10　欢迎新董事的标准流程

在欢迎新董事加入企业之后，还需要为其制订一个阶段性、综合全面的董事上任培训方案，以帮助新董事更快、更好地发挥董事价值（图 3-11）。

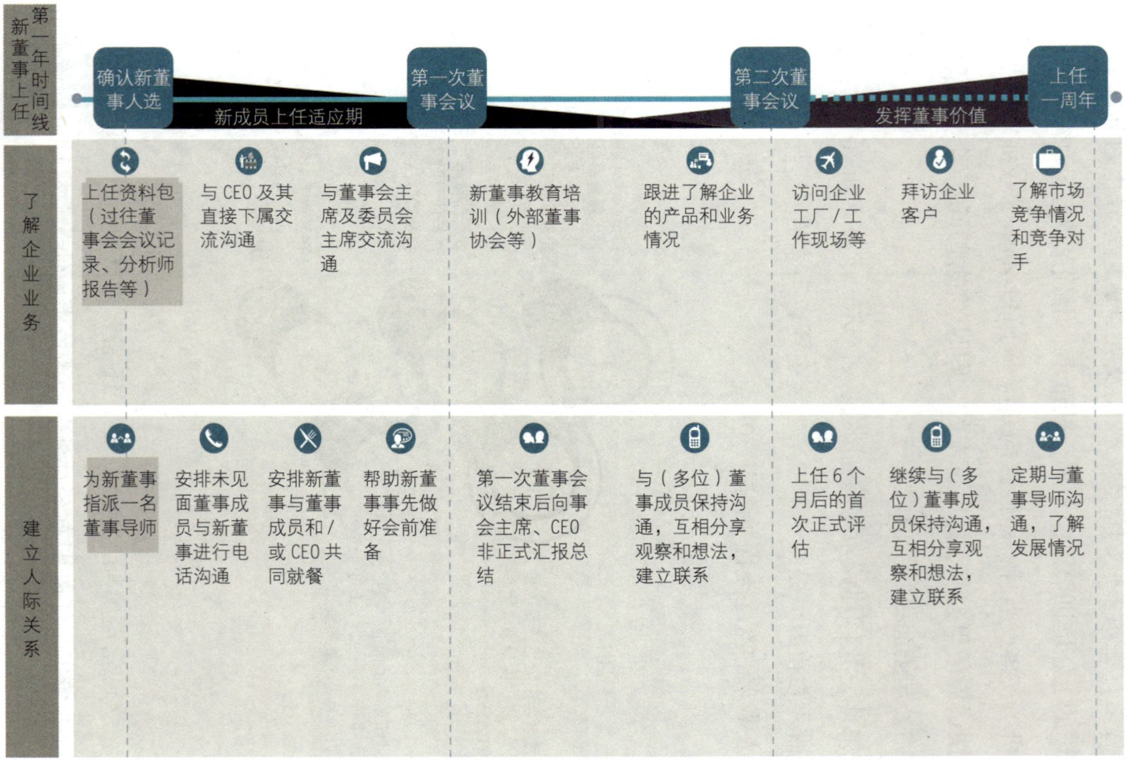

图 3-11　阶段性、综合全面的董事上任培训方案

实践案例

银行业新董事上任的重点培训内容

更新银行董事的职责内容

由于银行所属行业的特殊性，董事职责内容和要求受监管要求影响的特征显著。许多银行发现，新上任的董事并不清楚自己的职责内容，也不清楚应当如何帮助银行搭建业务、指导战略方向、完善巩固银行的治理工作，以确保银行系统的可靠性和安全性符合法律法规要求。随着董事职责范围的变化，银行对董事的技能和能力也提出了更高要求。例如，在过去，银行更关注董事的业内声誉和个人影响力；但现在，董事们还需要了解银行的财务情况，支持并帮助银行创造更多业务活动。

了解行业趋势

银行董事需要紧密关注的行业趋势包括机构合并、利率变化对业务造成的影响等。另外，董事需要综合全面地了解影响净资产收益率的各项因素。董事们或许知道净资产收益率是一项重要参考指标，但并不必然了解净资产收益率同时考验银行的资本配置能力和盈利能力。

参与风险管理

或许董事们已经开始关注银行的信用风险和流动性风险，但是多数董事对于其余风险事项——如利率风险、监管风险、战略性风险、交易风险及声誉风险等却知之甚少。银行尤其需要重视培养董事在监管风险和合规风险领域的了解程度与业务专长。银行应当为董事们提供综合全面的风险管理培训项目，帮助其更好地了解此中的连带运转关系。

参与战略规划与实施

董事们必须参与银行的战略规划过程。董事会应当建立一个合理高效的参与机制，整合财务表现、销售服务与营销、技术与运营、人力资本、风险管理等五项核心要素。战略方案制定完成后，董事应当积极展开监督工作，如要求CEO定期汇报战略的落实进度，以确保战略的有效实施。

完善继任规划

继任规划工作不仅仅关乎管理层，同样关乎董事会自身。董事需要与管理层共同合作，建立长期有效的人才管理策略，以招募并留住高质量的管理人才和董事。

第二节　董事行为最优解

一、提升董事会效率的关键行为

1. 最重要的董事关键行为特质

早在 2016 年，在罗盛咨询发起的第一次“全球董事会文化和董事行为调研”中，我们便调查了董事们心目中影响董事会文化和公司整体绩效的关键行为特质。

鉴于我们的调查对象涵盖了来自数十个国家、多个不同公司治理体系的董事，我们本来的预测是董事们所选择的行为特质会因为治理要求或者文化背景的不同而呈现较大差异——例如，某些国家的董事会更提倡坦率直言的文化氛围，而有些国家的董事会更希望董事们能够互相尊重、建立互信关系。

然而，结果出乎我们的意料，全球董事们推选出了惊人一致的结果（图 3-12）。

我们进一步比较了董事在本国企业董事会任职和在国外企业董事会任职的董事的调查结果，结果发现二者同样相差无几。由此也表明，董事会与其费心帮助外籍董事更好地适应本国董事会文化，不如多花时间思考如何培养董事们发挥以上 5 项全球认可的关键行为特质。

这一结果也验证了一些世界顶尖的长期型机构投资者（如贝莱德、美国道富银行、先锋领航集团等）所推崇的以董事会为中心的公司治理模式正为业界所广泛接纳并贯彻。该模式以董事会的独立性为核心要义，强调董事会必须具备质问管理层、确保管理层对公司表现负责的能力。

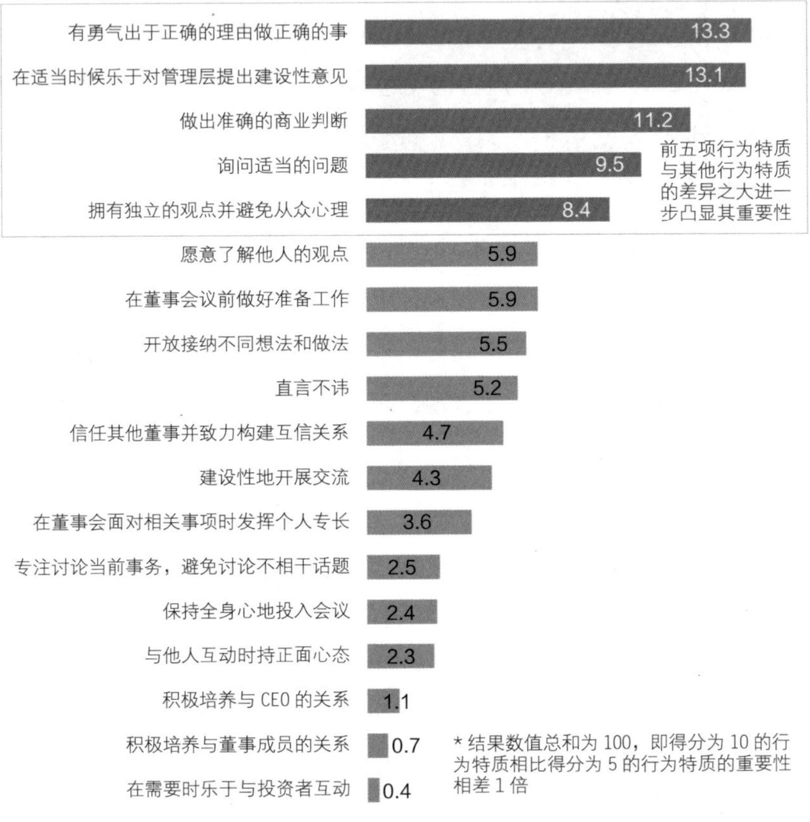

图 3-12　全球认可的五大董事关键行为特质

数据来源：罗盛咨询全球董事会文化和董事行为调研（2016）。

2. 董事关键行为特质：变与不变

时隔 3 年，罗盛咨询于 2019 年在全球范围开展了第二次“全球董事会文化和董事行为调研”，参与本次活动的董事共计有 750 名。相比我们的第一次调研工作，此次参与调研的董事人数增加了近一倍。但两次调研结果的不同之处仅在于最重要的前两项行为特质调换了优先顺序。这一变化的细微性进一步证明了董事会 5 项关键行为特质的重要性（表 3–1，表 3–2）。这 5 项关键行为特质能够普遍应用于 20 多个国家、多种文化背景和公司治理体系。

表 3–1　提升董事会效率的关键行为（全球范围的统计）

关键行为	2019	2016	关注程度
在适当时候乐于对管理层提出建设性意见	1	2	↑
有勇气出于正确的理由做正确的事	2	1	↓
做出准确的商业判断	3	3	=
询问适当的问题	4	4	=
拥有独立的观点并避免从众心理	5	5	=

数据来源：罗盛咨询全球董事会文化和董事行为调研（2019）。

表 3–2　提升董事会效率的关键行为（按地区统计）

关键行为	亚洲	北美洲	拉丁美洲	英国	欧洲大陆	澳大利亚和新西兰
在适当时候乐于对管理层提出建设性意见	2	1	2	1	1	2
有勇气出于正确的理由做正确的事	1	2	1	2	2	1
做出准确的商业判断	3	3	3	3	3	3
询问适当的问题	5	4	4	4	4	5
拥有独立的观点并避免从众心理	4	5	5	5	5	4

数据来源：罗盛咨询全球董事会文化和董事行为调研（2019）。

二、培养高效董事行为的核心要素

尽管全球各地的董事会对高效董事行为的期许出奇地一致，但是有多少比例的董事能够在日常运作过程中成功展现以上 5 项行为特质，就另当别论了。

高效率董事会是如何培养董事会的优秀行为的？他们关注了哪些极为重要却被低效率董事会忽略的事项？在做了详尽的观察对比后，我们发现相比其他董事会，运作高效的董事会普遍具备以下 3 项要素（图 3-13）。

图 3-13　运作高效的董事会普遍具备的要素

1. 一名善于协调工作的董事会主席

在之前的章节中，我们已经强调，董事会主席的领导力是唯一能够显著影响董事会运作效率的一项核心因素。加之董事会主席所处的领导地位，他们是构建、维护董事会文化的核心力量。优秀的董事会主席更善于引导董事会将注意力集中于相关事项上，鼓励董事保持独立性，推动董事之间开展高质量的辩论活动。

与以上提及的 5 项高效董事行为特质相对应，相比其他董事成员，董事会主席的角色对“勇气”这一特质的要求会更为突出：为了更好地提高董事们的参与度，鼓励董事积极讨论，董事会主席在必要时必须有勇气做出一些艰难的决定。

2. 与高级管理层之间的紧密联系

第二项显著性的区分因素便在于高效率的董事会更热衷与企业管理团队建立联系。通过与管理团队对话，董事们能够更深入地了解企业不同业务部门和职能的各自优势及挑战，从而更好地为管理层提供战略指导。同时，通过接触 CEO 身边的高管成员，董事会能更好地把握未来 CEO 继任人选的储备情况，从而提高 CEO 继任规划的有效性。但值得提醒的是，在董事们与企业管理层建立联系的同时，切勿丢失作为企业董事所需具备的客观性、独立性以及董事所扮演的监督角色。

3. 长期性战略决策眼光

最后，我们发现，能够以 5 年以上的长期性眼光制定决策的董事会更为高效 (图 3–14)。不难理解，以长期性眼光治理企业的董事会自然更有兴趣听取不同的观点，乐于思考不同情况下的可能性，并以此提问管理层。当董事会不为短期收益所束缚时，董事们才更可能出于正确的理由做正确的事、提出更为关键的问题并做出更为准确可靠的商业判断。

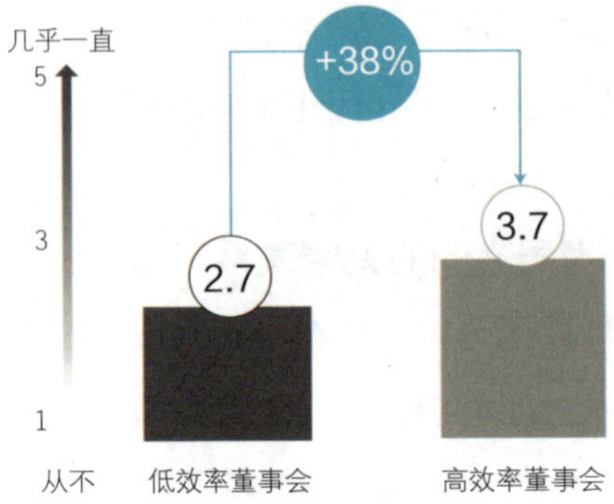

图 3-14　董事会效率与长期性眼光治理的关联性分析

数据来源：罗盛咨询全球董事会文化和董事行为调研（2016）。

三、董事参与公司治理与行为约束

作为企业的治理监督机构，董事会的作用更多的是对企业的未来发展方向及愿景等宏观因素的把控。而近年来我们观察到，由于外部业务环境愈发不确定，各界要求董事会提高参与度、加强治理的呼声也水涨船高。尽管如此，董事会究竟应该如何更积极、更深度地参与治理等问题却没有得到很好的解答。

诚然，不同的企业有着不同的治理模式和需求，企业治理更像是一门艺术学问，并无绝对正确、统一的标准做法。但我们希望强调的是，企业和董事会应当注意避免为了某些治理需求而无必要地扩大董事会的职责范围 。

在此，我们将以 3 个企业发展事项为例，展开论述董事会如何在不同情境中充分而不过度地参与治理。

1. 董事会是否应当为了更好地应对某项新兴趋势而寻聘专业型人士

2002 年，安然公司财务丑闻事件爆发后，美国证券交易委员会（SEC）便修订颁布了萨班斯法案。该法案要求上市公司披露是否已经聘任专业财务人士作为审计委员会成员，如未聘任，则需披露未聘任缘由。此举意在更好地确保企业具备识别潜在风险、及时纠正不规范财务行为的能力。

在萨班斯法案推行以后，聘任专业型高管担任董事的理念便开始逐步盛行。以近年来越来越多欧美企业所关注的网络安全话题为例：普华永道于 2017 年所做的一项董事调查显示，近 1/3 被调查的美国企业的董事会不具备了解网络安全领域的董事；40% 的董事会表示对此有些许了解，但是需要进一步加深；仅有 16% 的董事会认为已经在这方面具备充足的专长知识。在此背景下，董事会难免陷入两难境界：以董事会目前的能力，无法有效地监督这一复杂事项；而在寻聘网络安全领域的专业人士时，董事会也并不懂得如何评估候选人的能力。由此，便有董事会选择委任企业的首席信息官担任董事职务，例如史丹利百得公司（Stanley Black & Decker）和培瑞克公司（Perrigo）。

然而，在与一些全球顶尖机构投资者对话的过程中，我们了解到，他们并不认为在董事会中添加一位某领域的专家就可以完美地帮助企业解决问题。相反，他们更偏好了解行业的董事。究其原因，是他们不希望且认为也不应当让董事成为职能型管理者。同时，此类专项需求是随着市场、业务环境发展而不断变化的。例如，如果董事会聚集了精通比特币、外汇汇率领域的专业人士，那董事会就无异于一个专家委员会，而缺少了集体性意识。

在这种情况下，更为理想的解决方案是寻聘兼具综合管理经验、职能经验、行业经验的董事。例如，为了应对数据外泄问题，艾可飞公司（Equifax）便聘任了前高通公司（Qualcomm）的首席执行官 Scott McGregor 加入董事会。其董事会主席 Mark Feidler 曾公开评论说："McGregor 将助力帮助董事会更有效地聚焦于数据保护系统以及网络风险抵御能力的提升工作。" 与之异曲同工的还有迪士尼公司（Walt Disney）聘任的 2 位具有技术公司 CEO 背景的董事，其中一位是甲骨文公司（Oracle）的 Safra Catz。

"

罗盛咨询建议

董事会在考虑添加新成员时，首先需要考量的应当是候选人是否能够参与行业相关以及业务战略相关的讨论。也就是说，候选人应当能够清楚区分管理职责和董事职责的不同。只有在满足了这点之后，再去考虑候选人是否需要具备其他领域专长。此外，董事会能做的还有经常性地为董事们提供一些学习机会，可以是由管理层或是外部相关人士组织的分享会，从而帮助他们更快、更好地了解新兴趋势。

"

2. 董事成员是否应当与 CEO 以外的管理人员建立联系

罗盛咨询在先前的"全球董事会文化和董事行为调研"中发现，

相比其他董事会，高效率的董事会不仅仅寻求与 CEO 保持紧密联系，还更积极地与管理层团队中的其他成员建立联系。通常，董事会这么做的目的包括更好地了解未来 CEO 候选人以及加深对公司实际情况的了解。

> *通过与管理层建立联系，董事会能够从更多渠道获取与企业相关的信息，而不是全盘听取 CEO 的工作汇报。*
>
> *——罗盛咨询董事会与首席执行官业务顾问 Anthony Goodman*

由于工作内容与董事会工作重点的相关性最高，CFO、法律总顾问、内部审计以及合规负责人往往是董事们首先建立联系的对象。其中，审计委员会主要负责监管公司的各类财务情况以及外部审计关系，与 CFO 自然有着密不可分的联系，而内部审计负责人直接向董事会审计委员会汇报的情况也屡见不鲜。同时，由于法律总顾问职责的宽泛性，通常被认为其对企业的各类风险有着更全面、更深入的了解。如果企业的法律总顾问资历深厚且深得 CEO 信赖，部分董事会成员会经常性地与其进行一对一的交流。

然而，随着近年来各界要求董事会加强企业文化监督的呼声越来越高，董事会究竟需要多么深度地参与企业运营 / 管理这一问题便逐步进入大家视野。美国企业董事协会（NACD）的一份报告即指出，董事们应当更积极地了解 C- 级高管团队以外的企业文化氛围。其在后续的一项调查报告中进一步指出，92% 的被调查董事会通过 CEO 的工作汇报了解企业文化的健康度；仅有 41% 的董事会与 C- 级高管团队以外的领导者进行保密性对话，以了解潜在的企业文化问题。由此，仅有 1/3 的董事认为自己了解企业的中层文化，仅有 18% 的董事知悉企业基层的文化情况。

但是，我们建议，董事们联系管理层获取情报的行为应以不干预、不干扰运营为前提。企业应当为此制定相关条例。我们同样不建议董事们自行联系公司高管或毫无征兆地就出现在他们面前。

> **罗盛咨询建议**
>
> 为了更好地了解企业业务情况，董事们应当与管理层共同商讨，事先制订好相应的行动方案。业内领先的企业正尝试为董事们创造各类与企业员工接触互动的机会，其中包括：①带领董事们访问工作现场；②将董事会议地点更换至能够更多了解企业运营情况的地方；③邀请核心员工向董事会分享对某一领域事项的观察及看法。

3. 董事会成员是否应当参与企业 CEO 以外职位的聘任决策

董事会的一项重要职责便是选聘企业的 CEO。然而，在一些外部力量的作用下，董事会开始思考是否应当参与到企业的一些核心岗位的聘任决策中。

其中一项便是来自激进股东们对未来 CEO 人选的干预，这一现象直接导致 CEO 继任规划工作成为焦点。在美国企业董事协会

（NACD）的调查中，有 58% 的董事强调 CEO 继任规划工作是 2018 年的一项重点任务，该比例较前一年提高了 11%。在这一趋势下，也就不难理解有些董事会希望通过加强把控企业高管的聘任流程以确保有充足的 CEO 候选人。

另外，由于外部业务环境变化而带来的压力也可能促使董事们希望更深入地参与企业高管的聘任流程。例如，董事会可能因为出于对网络风险因素的考量，对企业首席信息官或首席信息安全官的背景提出更高要求；为了更好地防范企业文化和法律风险，董事会则可能希望更好地甄选 CHRO 及法律总顾问候选人；同样，一些行业的趋势变化也会加强董事会对相关职位候选人的顾虑。

事实上，董事会就企业高管团队的能力发表意见的情况实属常见，有时甚至会要求 CEO 替换掉某些他们认为能力不足的高管。在聘任核心高管成员时，董事会主席也常常会参与到最终候选人的面试过程中。例如，审计委员会主席会希望 CFO 候选人能够适度地制衡并挑战 CEO，而在确定最终候选人时，他们同样拥有否决权——这一现象在 CEO 的任期接近尾声的时候更为普遍。在 CEO 的要求下，董事成员会参与到 CEO 下一层级高管的聘任过程中，因为该职位高管未来可能成为 CEO 的继任候选人。

作为继任规划工作的一部分，以上的董事参与程度都是合理且值得推荐的。但是，值得提醒的是，一般情况下，董事们应当减少干预，由 CEO 做出是否聘任或解雇某一高管的最终决定。董事们当然可以向 CEO 建议替换某位高管或是新设某个职位，但若 CEO 最终没有听取意见并采取行动，董事们也只能坦然接受现状或选择替换 CEO。

这并不是建议董事会调整他们的继任规划策略，而是说高管们的去留以及候选人的搜寻方向不应由董事负责决定。董事们的职责更多地在于为企业打造能够培育潜在继任者的流程程序，确保企业具备一流的发展项目和政策。

罗盛咨询建议

董事会负责聘任 CEO，CEO 继而负责组建他的高管团队。然而，顶尖的 CEO 会确保董事会知晓核心高管成员的加入并认真听取董事会的意见。董事会应当思考并聚焦如何为企业打造最合理有效的领导力评估与发展项目，以确保企业具备充足的高质量 CEO 继任候选人。

第三节　危机下的董事会领导力

一、应对危机：董事会领导力最佳实践

全球各行各业都曾在某个时刻面临危机。危机过后，不少企业遭受重创，需花费数年才能得以恢复；但也有企业在度过危机后，会变得比从前更加强大，这反映了不同企业的危机应对方式以及董事会的领导力作用。

关于董事会在危机时期应当如何有所作为的文章已经写了很多，但很少有董事经历过像全球性流行病这样可怕的事件。面对新冠肺炎疫情，董事和管理层必须抱有开放、灵活的学习心态。董事尤其需要体现出勇气、果断和冷静的态度。不断反复的疫情发展走向和快速变化的市场环境要求董事反复地暂停、评估、预测、行动和重新评估。肆虐全球的新冠肺炎疫情或许暴露了许多企业在公司治理方面存在的缺陷，但对董事会来说都是一次真正的压力测试。对每一家企业来说，这也是不断优化董事会功能、完善公司治理的一项机遇。

因此，在新冠肺炎疫情暴发之后，罗盛咨询首先采访了全球近20位经验丰富的董事、现任及前任首席执行官，旨在听取全球领先企业的董事们在应对不确定性和适应新挑战过程中得到的经验教训。以下是他们的建议分享（图3-15）。

图 3-15　危机下的董事会领导力要点

1. 明确沟通渠道和沟通频率

危机下，企业必须加强与各利益相关方的沟通工作，保持一定频率并透明、坦诚地进行沟通。对于董事会，尤其重要的三个沟通渠道在于：①首席执行官与董事长之间的沟通；②首席执行官与全体董事会之间的沟通；③董事长与董事之间的沟通。

有效、得当的沟通可以帮助缓解压力，激发新的想法，推动信息流动，且不会为高管团队带来更重的工作负担，前提是完备地制订好沟通流程和频率。我们建议首席执行官与董事长之间的通话频率为每周 1~3 次；首席执行官每周向董事会提交简要书面报告；必要情况下，与全体董事会保持适当频率的电话沟通。首席执行官应当坦诚地与董事会分享关键绩效指标报告，无须进行修饰或做过多评论，以免产生额外工作。

疫情在英国蔓延开后，我们在很短的时间内便组建了一支危机管理团队。我们的董事会议从每年 5 次增加到了每周 1 次，危机团队每周进行 3 次会议。

在首次危机会议上，我们聚焦了 3 个主题：止损、缓解、细节。我们需要立马停止哪些事项？我们需要做些什么来缓解未来 2~3 个月的现金流压力？我们应该关注哪些细节，来确保我们的行动与战略一致？

——英国某行业组织执行主席

2. 有意控制并疏导董事会的积极性

董事长需要留意并管理那些出于善意想要协助管理层的董事，因为他们的介入反而可能会加重管理层的工作量，并分散管理层的注意力。正如一位董事所说的："如果太多人试图提供帮助，反而会适得其反。"在某些情况下，董事长需要扮演交警的角色，既要保障董事会的知情权，也要为管理层提供明确的指示和运营空间。

3. 挺身而出，但不要有"越界"的行为

平时，董事会和管理层之间能保持明确的分工和界线。但在危机中，董事会脚下的界线是不断变化的。需要谨记的是，董事会的职责始终是在适当时间以适当方式支持管理层，而非试图管理公司。

在危机情况下，董事会更需要为管理团队提供知识，帮助管理层看到他们可能没有看到的发展趋势。在某些关键时刻，董事会可能需要发挥更积极的作用并加强干预，但多数时候，董事会最重要的作用是以鼓励和积极的方式，向管理团队提出正确的问题，推敲管理层的判断和方案。董事长若能够巧妙把握建议和提问的方式，那么，即便在高度紧张的情况下，董事会的运作效率也能有显著提升。

针对疫情情况，管理团队十分尊重不同背景、不同区域的董事们带来的一些经验。

比如，中国市场的疫情发展比欧洲、美国市场提前了 3~5 个月，来自中国的董事便分享了企业未来可能面临的问题和处理不同阶段情况的成功经验。董事会和管理团队实际上更多的是一种合作关系。

—— 一位欧洲制造业企业董事

4. 考虑最坏情形，避免过于乐观

董事会需要督促管理层考虑最坏的情形。乐观偏见是真实存在的，需要谨慎对待。管理层所做的假设往往过于乐观，因为他们的假设更多基于过去发生过的最坏情形，而非未来可能发生的最坏情形。管理层需要为从未发生过的情况做好规划，从而倒推最可能发生的情况。自满会导致停滞不前。重要的是，要在整个恢复过程中保持住这样的势头，不能松懈，因为恢复过程可能比预期时间更长，中途还可能出现始料不及的新风险。

5. 规划好永久性的改变

董事会还需要推动管理层思考：危机影响下，哪些业务的运营可能发生根本性改变？哪些变化会对公司的战略方向造成永久性影响？董事会自身则需着重思考：企业如何更好地适应新环境？发生的变化对企业的既有业务和文化传承来说会有什么样的影响？哪些业务应该维持原样，哪些需要做出调整，哪些已经被彻底颠覆（包括消费者行为、公众期望、供应链和经营模式）？

董事会还应确保管理层从这场危机中汲取经验教训，并建立应对机制，从而帮助企业实现更为强劲稳健的发展。

6. 明晰企业的复苏蓝图

危机爆发时，企业不得不全力聚焦眼下最为紧迫的事项，但对董事会来说，保持前瞻性和长期眼光同样重要。作为管理层的思考伙伴，出色的董事会要督促管理层与关键客户保持紧密联系，帮助管理层描绘出危机落幕后的业务和客户经营模式。历史证明，危机时期与充满不确定性因素的时期往往也是重塑行业竞争格局的时期，能攻又能守的企业往往成为最后的赢家。董事会应当优先讨论企业的复苏蓝图，抓住机遇，更好地满足利益相关者的需求，并提醒高管始终以人为先，其次再关注利润。

尽管疫情对企业的短期资金运营能力造成了极大压力，但在兼顾员工安全和企业生存的双重考量下，董事会和管理层都尝试了许多创造性的途径，以降低企业的短期运作成本，避免大规模的减员。比如，董事们主动放弃、捐献薪资；在当地法律和政府支持的情况下，为员工提供停薪留职的选择；鼓励员工在当月或当季度使用完假期；推迟系列扩产扩能的大规模投资；停止所有可短期停止的费用。

—— 一位欧洲制造业企业董事

7. 避免过早宣布胜利

即使表面已经回归平静，但危机可能尚未结束。尤其是在各类指标开始回暖，指示企业正在回归正轨时，无论是董事还是高管都不能轻易产生一种错误的安全感。危机过后往往会有余震，比如行业内的一些标杆公司可能最终未能缓过危机，或是客户行为模式发生了本质的改变。即便早有企业宣布胜利，董事会仍需督促企业紧密关注绩效与发展成果。

领先企业已经开始思考是否将业务布局更多地向区域性布局转变，以减少业务受影响的程度；是否将供应链放在更贴近客户、更贴近客户市场的地方，来缩短供应链、提高安全性；是否在印度、墨西哥等其他市场发展更多的供应商，以分散风险。

——罗盛咨询董事会咨询专家　Micha Rosenthal

8. 设定基调，以身作则

董事会的卓越与否同样体现在他们是否能在危机中为公司设定良好基调，同时也体现在董事会能否以身作则、身体力行地恪守企业价值观。有抱负的价值观会激励他人，并进一步提振员工的信心。此外，在董事会以身作则的背景下，企业的文化基调也将受到潜移默化的影响。很多时候，员工、客户和社群会根据董事会的行为做出判断。

9. 密切监督、管理董事会文化及董事行为

危机下，董事们也必须接受全新的考验。董事的行为和互动方式将直接影响董事会的运作效率。此时，董事长尤其需要发挥领导作用，管理董事会的文化和董事行为，营造良好的讨论氛围，有效地为管理团队提供指导和建议。在积极管理的同时，董事长还需留意每位董事在危机时期的表现：哪些董事展现出了勇气、沉着、独立和正直的特质？这些观察将影响下一届董事成员的选拔。

10. 记录领导团队的表现和继任人才需求

压力环境也是观察高管表现的绝佳机会——董事会将观察到哪些高管能够得心应手地应对新挑战并激励他人，哪些则不能。董事会不仅应当观察记录每位高管团队成员的表现，还应该据此评估其继任潜力；同时，再看看现在的团队缺少哪些经验、行为和领导力特质。危机为董事会提供了一个绝佳的观察机会，可以更好地了解每一位领导者的真实情况，并相应地调整短期和长期继任计划。

11. 艰难环境下，情感交流愈加重要

不要低估一句“谢谢”的价值和每一句关心领导团队及其家人伙伴的问候所能产生的力量。看似简单的言语或行动，会对正在努力保护和重振公司的管理团队产生很大影响。记得向他们表达感激，并认可他们在复苏道路上取得的点滴成功。这些举动会让原本疲惫的团队倍感鼓舞，促使他们积极投入到接下来的工作中，并向客户及同事传递这样的关切之情。

随后，罗盛咨询将视线进一步聚焦于亚洲地区。我们观察到，许多企业董事会在应对疫情危机的过程中都展现出了卓越的领导和治理能力。2020 年 4 月，罗盛咨询联合新加坡董事协会（Singapore Institute of Directors）发起了一项董事调查，187 位 SID 成员作为受访者参与此次调查。本次调查旨在更好地了解新冠肺炎疫情对新加坡企业造成的影响及企业的应对情况。结果显示，受访对象普遍对其所在企业的状况持谨慎乐观态度。其中，显著比例的受访者对企业应对危机的表现给予了充分认可：63% 的受访者认为，其所在企业有足够或充足的韧性以应对疫情影响；88% 的受访者认为，其所在董事会能够有效捕捉相关信息，准确洞悉风险因素，运作高效，与管理层分工明确；86% 的受访者认为，董事会与各利益相关方进行了充分沟通，使其能够有效了解企业的状况，并对其应对能力放心（图 3–16）。

在应对疫情过程中，有的企业董事会可能认为应对疫情是管理层的职责，而有的企业董事会可能因为发挥了更积极的作用而仿佛承

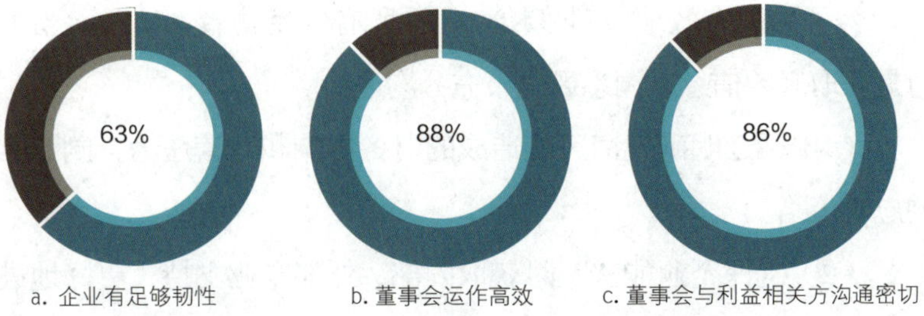

图 3-16　新加坡董事协会成员在新冠肺炎疫情期间对企业状况的态度

数据来源：罗盛咨询与新加坡董事协会（SID）的联合调查（2020）。

担了高管的工作。董事会在危机下应当发挥什么样的作用以及如何发挥作用，成为诸多企业疑惑的问题。其实，在危机或“黑天鹅事件”的背后，更多的是对董事会领导力的一次考验。

首先，董事会主席应当发挥领导作用，团结一支资历丰富、背景多元的董事团队。在每一位董事能够充分发挥专长意见的前提下，推动董事会达成共同的决定，避免董事会出现分歧意见，对管理团队造成压力。

其次，在委托代理关系更为健全的西方国家，董事会之于管理层发挥的既是监督作用，也是支持作用。董事会有义务对企业的整体战略、公司治理、风险管理负责。在危机出现的情况下，董事会为管理团队提供知识，帮助管理层看到他们可能没有看到的发展趋势。而管理层作为执行团队，应当向董事会传递全面、真实的信息，充分利用董事会的丰富资源，尊重董事的经验和分享。两个团队彼此信任，在困难的时候，更是紧密合作，团结一致，以真正利用起双方的优势。

为了更加有效地应对疫情，几乎所有的受访者都认为，当务之急是获取必要信息，洞悉风险，充分沟通：

（1）迅速明确疫情可能造成的财务影响和运营压力，制订相应的应对策略。

（2）确保企业能够及时获取内部/外部专业支持，更好地进行决策。

（3）设立危机管理委员会，与管理层紧密配合，紧密追踪并分析疫情的影响情况。

近半数受访者表示，在危机中，董事会在制订关键业务决策和战略决策时，首要关注的利益相关方是企业员工（图 3-17）。

图 3-17　董事会决策时的关注对象

数据来源：罗盛咨询与新加坡董事协会（SID）的联合调查（2020）。

平均而言，董事会要花费超过 59% 的时间聚焦于解决疫情对企业造成的即刻影响，花费 41% 的时间用来规划疫情后的恢复方案。对此，86% 的受访者认同其董事会已经做了充足的提前规划（图 3-18）。

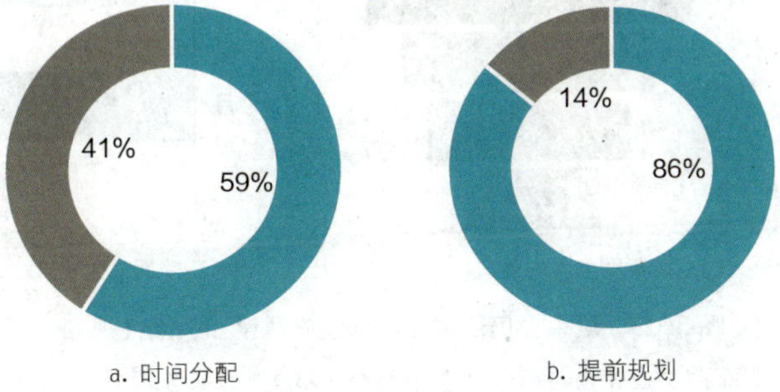

图 3-18　董事会着眼当下和未来，有效应对疫情

数据来源：罗盛咨询与新加坡董事协会（SID）的联合调查（2020）。

同时，65% 的受访者认为，董事会在应对疫情期间，仍有一些不足之处或值得改进之处，比较突出的是基础设施建设和长期性规划。其中，系统和基础设施的落后是阻碍企业充分发挥技术力量、推动创新的首要因素。另外，尽管多数董事会能够着眼于未来进行决策，但调查结果同时显示，许多董事会可能没有从足够长远的角度来看待当前的问题。鉴于本次疫情对经济和企业所造成的沉重影响，规划未来 18 个月的恢复过程中的风险管理策略和战略方案是合理的（图 3-19）。

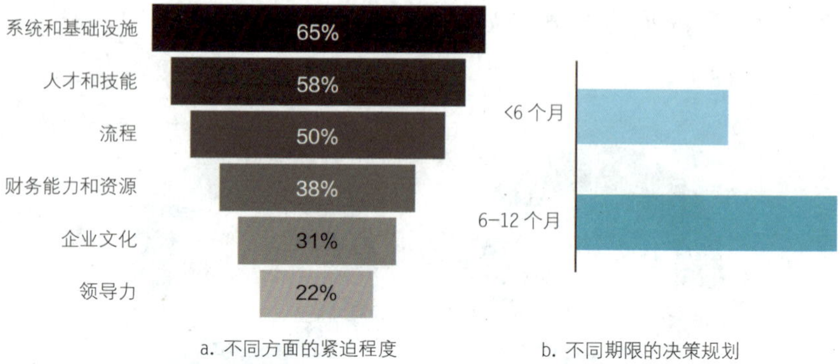

图 3-19　董事会仍须加强基础设施建设和长期性规划

数据来源：罗盛咨询与新加坡董事协会（SID）的联合调查（2020）。

二、把握危机背后的机遇

正如英国首相丘吉尔所说："不要浪费一场好危机。"新冠肺炎疫情事件对公司治理是一次很好的检验。通过全面的评估和反思，企业能够清楚地看到需要改善的地方，以着手优化公司治理。此外，受疫情影响逐步浮现的新的商业环境和业务模式，进一步突出了公司治理对企业的发展的重要性。作为企业的最高决策和监督机构，董事会更应清醒地认识到，构建适应新时代发展趋势和需求的治理结构和治理能力的需求已经迫在眉睫，是推动企业的高质量、可持续发展的重要基础。

1. 培养董事能力，建设一流董事会

新冠肺炎疫情全球大流行以来，我们每一天都见证着新的变化。在越来越多的不确定性下，其对董事会和每一位董事的治理能力都提

出了更高要求(图3-20)。在应对疫情/危机的过程中，要求董事不仅能够高效处理复杂信息，还要能够灵活、快速地做出判断和决策。而在疫情过后，面对漫长且艰难的恢复过程，作为企业的最高决策机构成员，更要求董事们能够高瞻远瞩，带领企业以长期性的眼光布局未来。

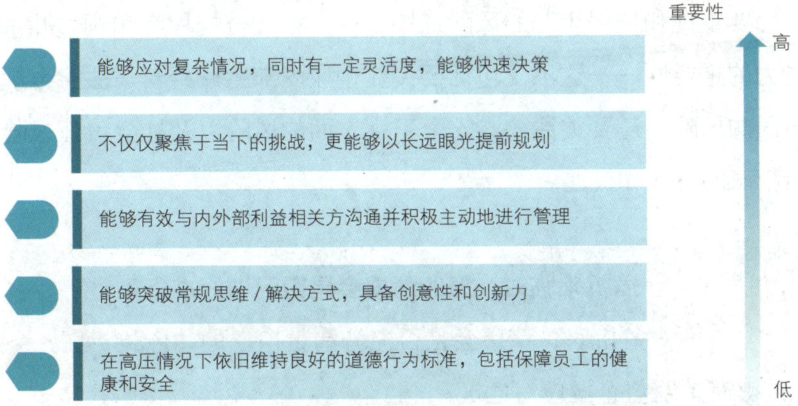

图3-20　危机下最为重要的董事能力和领导力特质

数据来源：罗盛咨询与新加坡董事协会（SID）的联合调查（2020）。

2. 战略化ESG推动企业的可持续发展

2019年9月召开的一次包括苹果、亚马逊和摩根大通高层在内的圆桌会和世界经济论坛在当年12月发布的《达沃斯宣言》让ESG（环境、社会责任、公司治理）的概念进入大众视野。ESG强调，在现代社会背景下，企业仅为股东带来财务回报最大化已经不能满足现代企业在有效管理和规避风险方面的要求，要求企业更负责任地发展。而新冠肺炎疫情作为一个影响中国及全球发展的“黑天鹅事件”，更加深化、坚定了这一理念的重要性和必要性。可以预见，今后企业履行社会责任的能力也将和企业的社会信誉、未来发展更紧密地挂钩。

同时，站在中国企业角度，在享受了过去数十年的快速经济发展带来的红利过后，面对未来国内外经济环境更多的不确定性因素，尤为要重视和加强企业的风险管控、提升企业合规程度和响应冲击能力的重要性——这不仅包括要关注企业内部生产经营、法律合规方面的风险，还要关注公共安全卫生方面的风险以及社会责任风险所带来的挑战和机遇。

危机来临时，您的董事会是否已做好准备？

· 面对危机时，董事会是否充分清楚自己的角色和责任，能够有效监督企业应对危机？

· 董事会将如何运作来解决危机？角色和职责分工是否明确？

· 董事会如何获取相关信息并证明它能够实时、有效地了解企业所面临的各项风险？

· 董事会是否能够及时获取企业内部 / 外部专业支持，以更好地进行决策？

· 董事会是否已经设立危机委员会？其具体职责是什么？该委员会将如何与董事会及管理层配合运作？

· 企业所面临的关键财务风险和压力是什么？企业是否具备充足韧性来应对经济下行的冲击？

· 董事会如何化解危机对员工、客户、供应链和当地社区的影响？

· 哪些节点需要董事会做出关键性的财务和战略决策？

· 企业如何在平衡股东及各利益相关方利益的同时，兼顾企业自身发展的可持续性？

· 如何确保业务的延续性？

· 如何管理对内和对外的沟通工作？

· 企业如何向各方沟通经济冲击对其财务情况和业务模式造成的挑战？

来源：国际公司治理网络（International Corporate Governance Network）。

第四章

卓越董事会的演化

第一节　前瞻规划董事接班人

一、为什么董事会需要前瞻性地进行继任规划

积极采取行动、前瞻性地进行继任规划能够帮助董事会：

1. 实现长期的稳定和成功

严谨有效的继任规划工作能够帮助董事会避免以事务性思维被动地寻聘新董事，更加前瞻性地了解聘任需求。此外，董事会还能借此更好地了解委员会主席及董事会主席等领导职位的轮岗需求，也是增强董事会领导者多样性的一项有效手段。

根据罗盛咨询与世界大型企业联合会（The Conference Board）于 2019 年对罗素 3000 指数成分股企业所做的联合调查，发现年收益高于 200 亿美元的大型企业替换 / 增添新董事的频率高于年收益低于 10 亿美元的较小型企业（图 4–1）。

a. 年收益 >200 亿美元　　　　b. 年收益 <10 亿美元

图 4–1　公布过董事成员变动信息的罗素 3000 指数成分股企业比例

数据来源：罗盛咨询与世界大型企业联合会（The Conference Board）的联合调研（2019）。

2. 以数据为支撑，帮助提名委员会主席更客观地了解、评估每位董事的贡献情况

如何与表现不尽如人意的董事进行有效沟通是所有企业董事会领导者都必须思考的问题。董事会构成分析则可帮助董事会客观地着眼于董事的技能及资质因素，并且创造谈话机遇，帮助领导者更顺理成章地深入话题。此外，也可将其作为推动讨论董事退休、替换董事会主席、委员会主席轮岗等相关议题的工具——毕竟这些都是董事会要实现高效运作所必须探讨的事项。

调查显示，尽管董事们认为同僚表现欠佳的情况普遍存在，但设立年度评估程序的董事会却仅为少数（图 4–2）。

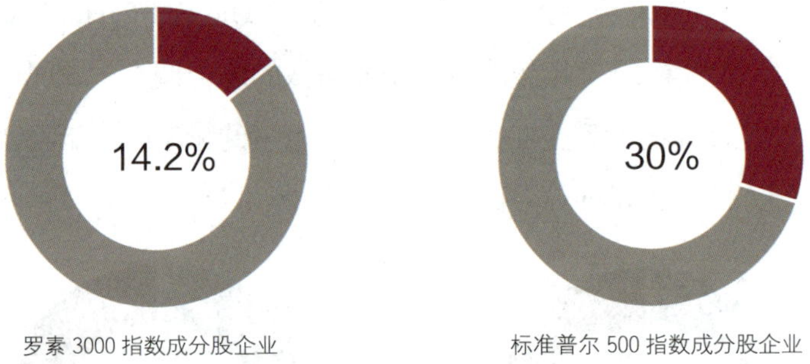

图 4–2　对每位董事进行年度评估的企业比例

数据来源：罗盛咨询与世界大型企业联合会（The Conference Board）的联合调研（2019）。

3. 作为与外部利益相关方沟通的工具

主动、负责地进行董事会构成分析工作是董事会考虑企业未来发展、参与并确保其具备长期治理企业能力的一项重要体现。董事会可结合具体情况，选择向投资者披露分析工作的结果。

为了让结果更加客观、标准、易懂，目前，越来越多的企业使用能力矩阵向投资者展现董事会能力的多元分布（图 4–3）。

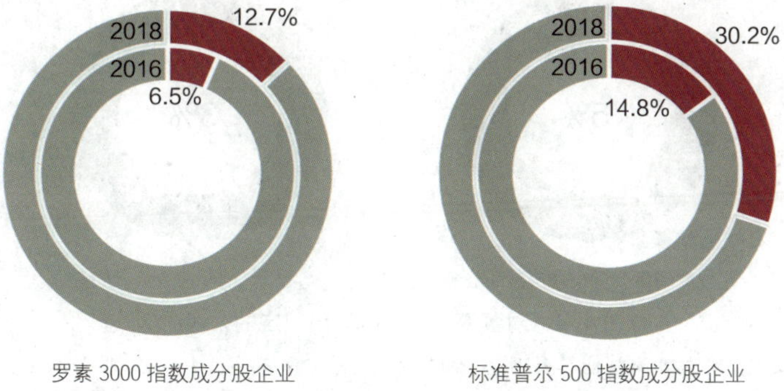

图 4–3　发布过董事能力矩阵的企业比例

数据来源：罗盛咨询与世界大型企业联合会（The Conference Board）的联合调研（2019）。

二、以长远眼光着手董事继任规划工作

我们经常见到董事会做出一些“拍脑袋式”的聘任决策：在董事会席位出现空缺的压力下，董事们往往会被短期思维所左右，并局限于自身“人脉圈”中的候选人，而较少考虑一些重要因素，如任职期限，（一般为 15 年，图 4–4）。

同时，近些年我们也观察到，越来越多的企业开始从长期战略需求的角度出发，更加审慎全面地考虑他们对高管候选人的要求。比如，轮岗就是一种可以拓展董事视野、保持团队活力的绝佳安排（图 4–5）。一般的轮岗期限为 5 年，通常等于 5 个任期。类似的变化也体现在董事候选人的聘任过程中：首先是全面、透彻地分析和评

估当前的董事会构成，在对董事会的未来发展需求有更深入了解的基础上，再寻聘所需的候选人，并以此制定长期的聘任规划。

a. 标准普尔 500 指数成分股企业　　b. 罗素 3000 指数成分股企业

图 4-4　对董事任职期限做出规定的公司比例

数据来源：罗盛咨询与世界大型企业联合会（The Conference Board）联合调研（2019）。

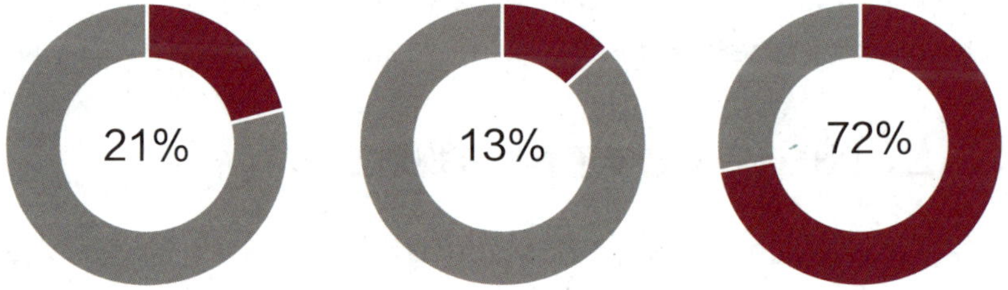

规定了轮岗政策的标准普尔 500 指数成分股企业　　规定了轮岗政策的罗素 3000 指数成分股企业　　轮岗期限为 5 年的罗素 3000 指数成分股企业

图 4-5　董事委员会轮岗政策调查

数据来源：罗盛咨询与世界大型企业联合会（The Conference Board）联合调研（2019）。

其中，提名委员会应当发挥领导作用，带领董事会依次展开董事会构成分析以及战略性规划工作，顺利完成董事成员的更替：

1. 了解企业的战略方向

首先，提名委员会需要对企业未来 3–5 年的战略方向及组织架构调整需求有充分的了解。这些因素是进行董事会构成评估分析的必要背景信息。

2. 明确董事成员的技能及能力需求

如果委员会能够预见企业未来的发展方向，自然也就能够对企业需要什么样的董事形成更明朗的看法。

因此，在第二阶段，董事会应当着重确定董事的技能及能力需求。委员会以此为依据对现有成员进行比对、评估。

3. 达成方案

在与每位董事进行充分的沟通和讨论后，制订董事能力评估矩阵。

同时，委员会需要充分了解每一位董事未来3~5年的发展规划。委员会必须能够准确预见何时会有席位空缺，并在必要时刻做出替换决策。

4. 对外披露

投资者希望通过直白易懂的信息来更好地了解董事会将如何支持企业的发展战略。

在完成前述步骤后，董事会负责人与法务团队商定如何披露董事会构成、未来聘任决策等相关信息。

三、采取行动：着手进行董事会构成分析

董事会可从董事会构成分析工作开始，将其作为制订长期聘任规划的首要步骤。值得注意的是，董事会应当确保整个过程公开透明，每一位董事都能充分地参与其中，并认同所采用的流程步骤及分析

方法。此外，这项工作也不应随意地交由法律总顾问或指派某一高管主导负责。

同时，董事会需要事先制定好明确清晰的评价标准，以避免被董事们的主观性评价所误导。有意无意地，董事们容易对自己的资历给出过高的评价。他们常常认为自己对一些新兴趋势已经有了充足的了解，或认为自己过去担任高管时期积累的经验在应对新挑战时也绰绰有余，而实则未必。提名委员会应对每一项条件及资质的评定结果掌握最终裁量权。

通过评估分析，董事会可能发现某些成员显然无法满足未来的发展需求，或有的成员自视过高。这时便需要董事会主席或提名委员会主席肩负起应有的职责，直接、坦诚、开放地与每一位董事进行沟通，甚至为董事提供合理的退出董事会的方式。

缜密的继任规划是确保董事会高效可持续运作的一项关键因素。不少董事会选择聘用外部顾问来主导整个分析工作，这也是确保评估的客观性和严谨性的合理选择，但全体董事的深度参与以及评估后的充分沟通是成功的重要保障。

四、继任规划过程中的常见误区

1. 将企业的战略愿景抛之脑后

有的董事会虽然非常积极地推进继任规划工作，但其所做的规划与企业战略愿景并无明显联系。例如，如果一家金融服务机构正大力推进数字化转型工作，而董事会在继任规划过程中全然不顾这项战略因素，那么整项工作可谓徒劳无功。董事会必须结合企业的战略方向，思考董事会相应的能力需求以及董事类型需求。根据企业的发展目标、愿景进行规划，而不是根据当前、过去的情况进行规划。

2. 忽略竞争对手的情况

投资者在分析评估个别企业的治理情况的时候，往往会结合行业的整体情况进行比较。然而，企业董事会经常会忽略与同行进行对标。例如，如果某一汽车企业的同行均添加了具备自动驾驶领域专长的董事，那么不具备此类专长董事的企业就更容易受到投资者的质疑。

3. 只是做“加法”，而忽略“减法”

董事会构成分析不仅需要考虑增添新董事的时机，还需同时考虑现有董事成员的退休及离职情况。董事因为年龄、任期、个人规划等原因离职属于非常正常的人员流动。但是，在许多情况下，尽管董事已经有离职打算，却从未与提名委员会进行提前沟通。提名委员会也难辞其咎，因为他们甚至不曾问起过董事或主动寻求沟通。

4. 遗漏董事会及委员会的轮岗

尽管有的董事会已在规章中明确规定了董事会主席或委员会成员等关键董事角色的任期，但是仍有必要了解董事退休或新董事成员加入等情形对委员会的影响。董事会及委员会的领导力需求应当是董事会未来 3~5 年发展规划的一项重要内容。

实践案例

前瞻规划董事接班人

案例背景

这是一家全球化的上市金融机构，其大部分业务在国内，在海外也有业务运营布局。董事会中的一位独立董事将在一年后任期届满退休，空出一席董事职位。

为了前瞻规划董事的接班人，董秘办开始考虑明确董事候选人的聘任要求，初步的设想是招聘一名宏观经济学家；同时，如果能找到一位女士则更佳，因为这样可以兼顾董事会多样性。但是，在和独立董事们沟通此事时，董秘办得到一些不同意见。大家对招聘一名女性没有意见——不仅支持而且倡导——但对招聘一名宏观经济学家的计划提出了异议。尤其是在此金融机构具有大量海外业务的情况下，大家觉得增加一位有国际运作经验的海外董事更合乎情理。

案例分析

在大家意见相左的情况下，董秘办开始了自己的人才研究。然而，董秘办很快发现，虽然自己可以提出部分候选人名单，但是囿于人手（特别是候选人网络）的限制，难于提出一个特别完整的长名单。

另外，董秘办对于董事会中长期的独立董事结构该如何构成这个问题，回答起来有些难处。据此，他们需要一个客观第三方帮助他们在董事会构成与人员架构研究的基础上做出客观和严谨的分析，然后再开展工作：①有的放矢地充实长名单，以确保最优秀人选全部进入视野；②以科学、客观的角度评估长名单，与提名委员会一起，产生具有竞争力的董事短名单。

解决方案

在这种情况下，董秘办找来了第三方董事会咨询顾问。咨询顾问在2周内扫描了同行业相近且受此金融机构尊敬的其他5家上市机构的董事会结构，特别是集中分析了独立董事的行业、职能、地域及多样性。在此基础上，咨询顾问发现此金融机构在独立董事中明显缺乏具有海外金融机构业务出身的领导人，由此圈定了从海外、金融和女性这3个要素出发，集中搜寻未来人选的选聘方向。

董事会咨询顾问的人才扫描是全球性的。由于此金融机构总部在国内，因此在长名单中加入了有过中国的工作经验或者与中国有联系，特别是有中国情怀、愿意为中国机构服务的候选人。4周后，一个长约20人的长名单形成了。经过第三方咨询顾问的评估，并基于招聘要求匹配条件和候选人的意愿，最终给提名委员会推荐了5名候选人的短名单，并于此后的2个月内通过面试确定了最终候选人。

虽然并非所有独立董事任命都需要第三方咨询顾问，但是从此案例中可以看到，使用第三方董事会咨询顾问有助于拓宽候选人网络，更加客观地评估候选人的背景、经验和风格，有利于进行竞争性分析。如此一来，不仅可以保证董事继任的顺利完成，而且能够把独立董事的招聘与企业人才战略优势的获取充分结合起来。

第二节　推动董事会持续转型

一、董事会的数字化转型

随着数字化技术的不断渗透，越来越多的企业董事会开始意识到，需要加强自身对技术发展的了解，以及判断技术发展对业务发展所造成的影响。因为在数字化浪潮背后，正是技术的进步与发展颠覆着企业原有的业务模式。例如，零售企业必须思考如何优化电商业务体验及移动技术在线下领域的应用；金融服务企业正争相学习如何应用区块链技术，以更好地改善信息安全问题；汽车企业正加紧发展人工智能技术，以应对智能网联汽车时代的到来。即便是科技类企业，他们也不能掉以轻心：硬件型企业与软件型企业之间的界限正越来越模糊。同时，新一代云服务供应商的出现正挤兑着传统通信供应商的发展空间。而这一切，仅仅是开始。

尽管企业高管直接面对着运营层面的压力，但是董事会同样肩负着帮助企业最大限度发挥自身潜力的责任。在罗盛咨询所做的“2018 年数字化技术发展进程” 的调研中，有 53% 的高管表示，董事会对企业数字化转型工作的成功与否有着关键性的影响作用。正如监督其他业务发展事项一样， 董事会通过合理质疑管理层、为管理层提供来自企业外部的客观观点来帮助企业更好地实现转型。为此，董事会必须首先完成自身的转型工作，确保拥有对企业数字化转型发展战略提出有效建议的相关专长。

在此背景下，我们看见越来越多的董事会开始寻聘具备各类技术专长的董事。但在此过程中，董事会必须明确自身的实际需求，并避免贴标签式地盲目寻找候选人。在本章中，我们分析了标准普尔300强企业的董事会构成现状，并提出了董事会转型过程中需要关注的5个关键问题，来帮助董事会更好地明确自身能力需求及转型策略重点。

我们将具备数字化技术专长的董事定义为：技术型高管、曾在科技公司任职、具备参与企业数字化转型工作经验。调研结果如图4-6所示。

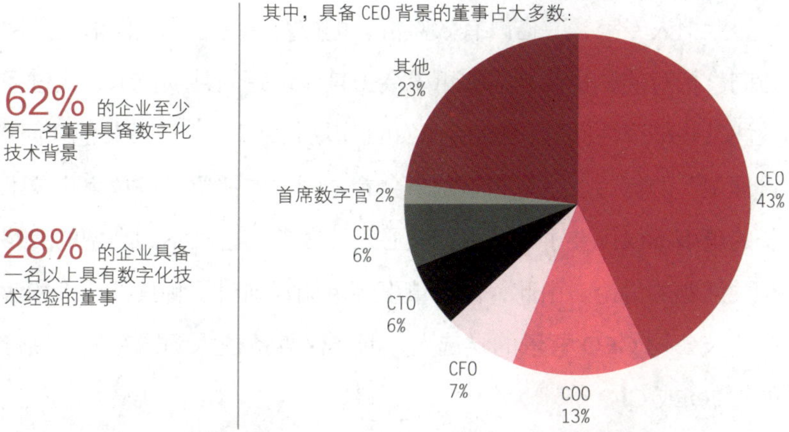

* 其他包括法律总顾问、首席营销官、首席人力资源官、首席信息安全官等

图4-6　标准普尔300强企业董事会数字化技术能力现状

数据来源：罗盛咨询董事会数字化技术发展进程调研（2018）。

二、寻聘数字化技术董事时应弄清的5个关键问题

董事会在甄选数字化技术董事时，往往会以候选人是否具备技术专长为核心条件，而容易忽略评估技术董事的其他能力及经验需求。我们在此提出5个关键问题，希望能够帮助董事更好地厘清转型需求。

1. 当我们说董事会需要数字化技术专长时，是需要什么样的技术专长

这是一个看似过于简单却有重要意义的问题。董事会作为一个团队，应当具备足够广泛而深入的专长，能够有效判断什么时候需要为企业引入专家，并借以有效监督、把控企业的整体运作情况及发展方向。相对的，企业不需要董事会去具体地评估某项技术，或过多地关注某些细节性问题，例如企业如何布局网络架构，或是其他任何“似管理型”的行为。这意味着董事会希望聘请的那位具备数字化技术专长的董事不仅仅要了解技术，还必须能够参与各种不同类型的战略性相关话题的讨论。由此，许多董事会更偏好同时了解具备技术和业务的科技公司CEO背景的候选人，而非仅具备技术领域专长的高管，如CTO或CIO等。

2. 企业在哪些特别领域需要战略性指导和专长

要回答这个问题，董事们首先需要了解企业的数字化技术发展现状，并对未来发展目标有明确的规划。企业自身是需要彻底性的整改来提高运作效率，需要借助更多数字化工具与客户进行互动，还是

两者都需要？企业自身是一家希望通过收购或设立合资企业来激发创新潜力的传统企业，还是一家希望拓展新垂直领域的科技类企业？企业自身是否在某些特殊领域有着迫切的发展需求（如网络安全、电商、商业化数字化服务能力等）？

这些问题能够帮助董事会更好地厘清需要什么样类型的候选人：是需要一名具备技术专长的候选人（如 CIO），还是需要有过领导或是监督数字化转型经验的高管？我们的数据显示，很多董事会同时需要两种类型的董事，以更充分地汲取不同领域的专长、视角和观点。

3. 我们对候选人的经验和背景要求是否正确

在匆忙补足技术专长的过程中，有些董事会往往接受任何有过苹果公司（Apple）或者脸书公司（Facebook）工作经验的候选人。但我们在此希望提醒董事们：不要忽略评估候选人是否具备作为一名董事所需的经验及技能，以及其是否能够广泛地参与治理讨论。

值得一提的是，董事们经常会忽略那些有过监督传统型企业实施数字化转型战略经验的候选人。尽管他们并不一定是企业的技术负责人——可能是企业的 CHRO 或是 CFO——但是他们懂得企业在转型过程中所需的重点投资领域及节点，以及何时需要调整投资策略。所以，董事会在筛选候选人的过程中，应当更多关注的核心问题是：这名高管此前所在的公司是否经历了多轮技术投资并成功调整、转变了业务模式？他是否能从这些经验中提炼出背后的经验教训和要义，帮助企业和董事会避免不必要的弯路，做出更正确、更有效的投资决策？

4. 我们是否已做好接纳具有非传统背景的董事成员的准备

通过分析董事会中具备数字化技术专长的董事，我们发现，那些精通数字化业务模式的候选人的总体业务经验往往少于其他董事的平均值。此外，他们往往来自有着截然不同企业文化背景的组织。

我们的研究显示，相比其他董事，具备数字化技术经验的董事的平均年龄比大多数董事小 4 岁（图 4–7）。这 4 年经验所造成的差异对不同行业或不同类型的企业而言可大可小。

a. 全体董事平均年龄　　b. 数字化技术董事平均年龄

图 4–7　数字化技术董事与其他董事的平均年龄对比

数据来源：罗盛咨询董事会数字化进程调研（2018）。

总而言之，董事会必须事先进行充分的讨论，确保董事会能够接纳一名非传统型背景的董事成员，并能够适应可能对董事会议事节奏带来影响的这一变化。技术新星不被董事会接纳的例子比比皆是，我们建议董事会事先准备好充足的支持性资源，例如定制的新董事上任培训、对现有董事进行辅导培训等工作，以减少二者之间的文化差异。

5. 我们是否能够全盘依赖这名董事提供与数字化技术相关的专长

答案必然是否定的。聘请一名具备数字化技术专长的董事应当仅仅是董事会为推动转型、完善技术领域相关战略的一部分举措。董事会的转型必然不能一蹴而就，不能全然依赖某位董事的一己之力来解决所有问题。董事们也不希望企业的重大战略决策由某位董事的一人之言来草率决定。

无论最后决定聘请什么背景的新成员，董事会都应当定期组织正式的数字化技术相关培训、要求管理层经常性地汇报市场发展情况和战略实施进度，以更充分、更及时地了解新兴技术所带来的影响和作用。比如，有的董事会推出了“反向辅导”项目，通过为董事搭配一名较为年轻的高管来帮助他们弥补技术短板，同时也有助于董事了解新生代的想法。

具有技术专长的董事应当是推动转型工作的最佳发言人，更多肩负起说明转型必要性及紧迫性的职责，并教育、说服董事会及CEO推动转型，或是促进董事会转变原有的刻板观念及安于现状的文化氛围。

三、数字化技术董事推动董事会转型的着手点

相比其他董事成员，数字化技术董事更多来自前瞻性或颠覆性企业，因此他们更能为董事会带来不同的思维方式及新鲜的观点。由此，数字化技术董事往往发挥着推动董事会转型的角色作用。

相比数字化技术董事，传统型董事普遍更为被动，并容易满足于既有的运作方式。数字化技术董事不妨利用其更具颠覆性的思维以及乐于挑战现状的态度，采取更为积极主动的姿态，带动董事会

进行思考，并推动董事会转型。

同时，鉴于数字化技术董事对数字化相关趋势的洞悉以及管理层对未来业务运营模式的忧虑，数字化技术董事更容易在管理层中激发话题。数字化技术董事也可更积极地参与到管理层及董事会以外的各项活动中，更深入地了解业务运营现状及挑战，并且发挥其“桥梁”角色，更好地帮助董事会了解业务需求，与管理层进行沟通。

数字化技术董事可根据自身的背景和专长，从以下 4 个领域着手发挥董事价值（图 4-8），推动企业转型：

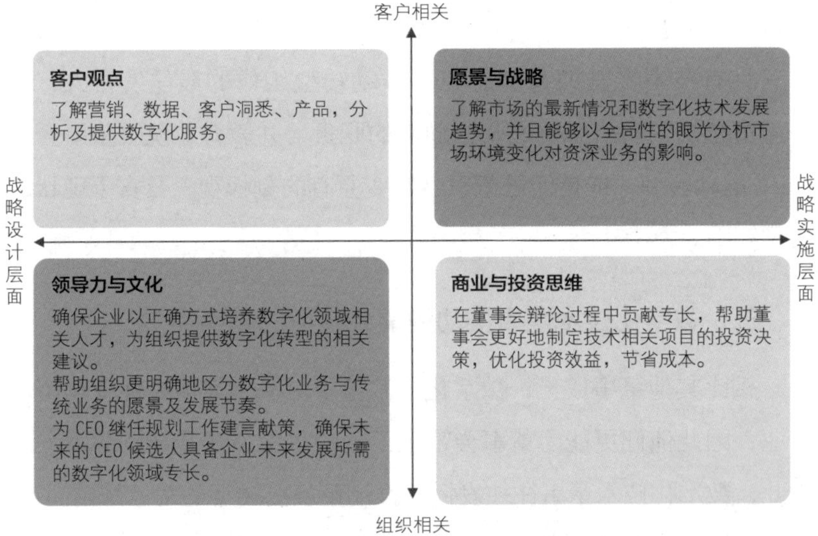

图 4-8　数字化技术董事发挥董事价值的方式

第三节　应对股东激进主义

一、了解股东激进主义

1. 哪些公司容易引发股东激进主义事件

股东激进主义在西方市场已发展多年。起初，中型市值公司往往最容易成为激进投资者关注的目标，激进投资者通常在持有公司 5%~10% 的权益后向公司发起干预。但是，在 2008 年全球金融危机后，越来越多的大型市值企业也开始成为激进投资者的关注目标，仅仅持有 2%~3% 的公司权益的机构投资者便可发起对企业治理的干预。

为了更好地预防激进投资者对企业的发难或突袭，企业可以通过多项维度进行自测，评估企业成为激进投资者关注目标的可能性。例如，从运营相关角度出发，激进投资者的首要关注事项包括企业的股票收益、在同行间的竞争力等体现核心能力的基本要素。如果企业绩效连续 2~3 年落后于同行企业，则有较大概率进入激进投资者的关注名单。此外，如果企业绩效表现多次不达预期、管理层多次未能兑现给投资者的承诺，那么企业受到激进投资者干预的可能性也将大幅攀升。最后，如果企业的业务资产散落分布于不同细分领域，相互之间毫无战略性的协同作用可言，激进投资者或也会对此提出质疑。在财务相关方面，激进投资者也会关注企业是否持有过多现金。而从公司治理角度而言，激进投资者也会质疑一些超长任期的董事是否是因为管理宽松而获得连续任期。

2. 激进投资者会有哪些行动策略

当激进投资者对企业发起干预后，首先，企业 CEO 被更替的可能性会大幅增加。一般情况下，每年约有 12% 的企业会更换 CEO，但在激进投资者干预的企业中，有 25% 的企业在此后 1 年内便更换了 CEO，而且在后续的 2 年时间中，企业更换 CEO 的可能性将依旧高于其他企业。

此外，董事会可能会迎来一至二位新董事。激进投资者或会要求更换现有董事成员，或要求扩大董事会规模。此时，对董事会的挑战更多地在于如何消化、融合好这些新成员。诚然，新董事是来自另一阵营的代表，但在加入董事会后，他们便与其他董事一样，面对着相同的股东，肩负着相同的受信责任。

不乏有董事向我们询问激进投资者改组董事会的具体策略：如何判断激进投资者是想扩大董事会规模还是想针对性地替换某位董事成员？如果是后者，如何判断哪位董事是激进投资者的针对目标？

不同情况下，尽管激进投资者的行动策略不尽相同，但是凭借数十年来与不同类型董事会、机构投资者的合作经验，我们在此为企业总结出一些观察和洞悉，以帮助董事会更好地预测、应对激进投资者可能采取的行动。

（1）早期阶段：激进投资者期望通过扩大董事会规模实现目标

的可能性更大。

通过观察，我们发现，越是早期阶段，激进投资者通过要求董事会增添新董事成员实现目标的可能性便越大。而随着事件的不断发酵，越来越多的公众开始关注这一事件，激进投资者针对性地要求替换某位董事或发起股东选举（Proxy Fight）的概率也随之增大。

在以下几种情形下，激进投资者希望增添董事成员的可能性更高：

· 董事会认可、接受激进投资者的投资理论并采纳其给出的建议；

· 激进投资者希望对某一情况或流程进行更好的监督；

· 激进投资者认为董事会需要补足对某些领域的洞悉或专长，以更好地完善业务战略；

· 董事会对更换董事成员已做出条款规定（例如分期分级董事会条款）。

对于董事会，首先应当了解公司章程中对董事会规模是否做过规定，并研究对比同行企业的董事会规模。一般而言，考虑到董事会特意为此修改公司章程的可能性较低，激进投资者不太会要求规模已经较大或已经达到公司章程规定上限的董事会再增添新董事。此外，相比替换董事成员，扩大董事会可能会稀释激进投资者在董事会中的影响力，使其遇到更多阻力。例如，如果激进投资者选择增添2位新董事到一个10人规模的董事会，那他们就仅占有16.7%的代表席位（12

位董事中的 2 位），而替换 2 位董事则能够帮助其获得 20% 的代表席位（10 位董事中的 2 位）。

然而，值得企业注意的是，激进投资者的行动或并不会止步于此。董事会在与激进投资者周旋后，或可能以答应扩大董事会规模而寻求与激进投资者达成协议，结束其对企业治理的干预。但事与愿违，激进投资者可能继续通过动用其在董事会中的影响力，怂恿其他董事退出董事会。通常，激进投资者这样做的目的在于打破权力的垄断，引进不同的意见和声音，增强推动变革的力量。如激进投资者有此打算，以下类型的董事则极有可能成为其目标：

· 对企业价值提升贡献最小的董事；

· 任期最长并支持激进投资者所反对战略的董事；

· 带头反对激进投资者的董事会主席。

（2）分歧进一步加剧或双方已周旋许久时：激进投资者通过替换董事成员实现目标的可能性更大。

为了使得董事会采纳其观点，激进投资者会在合理的预期范围内投入必要的时间和精力。相比增添新董事成员，替换董事成员能够更好地帮助激进投资者增强其在董事会中的影响力。选择替换董事成员也清晰地传达了激进投资者希望企业改变战略方向、提升企业价值创造能力的意愿。激进投资者与董事会之间的分歧越大、管理层采纳实施激进投资者理念的意愿越低，激进投资者也会更为坚定地主张替换董事成员，以彰显推动改变的必要性。此时，激进投资者通常会寻找具备所需行业专长且能够推动改变的董事人选。

在以下几种情形下，激进投资者希望替换董事成员的可能性更高：

·激进投资者曾公开对企业的战略或运营事项表示过异议；

·随着公众对激进投资者事件的关注度上升，两者愈加针锋相对；

·董事会规模已无法进一步扩大。

3. 哪些董事容易成为激进投资者的目标

激进投资者已经能够驾轻就熟并精准有效地选定他们想要替换的董事。激进投资者懂得如何制造有利其推进、实现目标的舆论环境。他们会抛出投资者收益及股价走势等数据来刻意抹黑董事会及管理层。尽管董事会可以反驳指出激进投资者所提供的数据资料有失偏颇且具有误导性，但激进投资者的优势在于他们处于进攻姿态，并善于对“事实数据”加以利用。

激进投资者还会通过一系列指标筛选出他们的目标董事，例如董事所创造的价值、董事技能与企业需求的相关性等。然而，值得注意的是，激进投资者还会通过搜集公开信息对董事的判断力和正直性提出质疑。因此，尽管有的董事有着出色的绩效表现，且具备符合企业发展需求的技能和能力，但仍可能因为有负面新闻报道而被激进投资者锁定，成为被攻击和替换的目标。

由此，我们建议董事会定期性地对每位董事进行评估，审阅和更新他们所在企业的激进投资者应对策略。

二、应对股东激进主义：构建能与投资者良性互动的董事会

在股东激进主义浪潮的影响下，越来越多的大型机构投资者也开始加入激进投资者的行列。为了化被动为主动，董事会必须采取行动，成为能够正确、及时了解投资者需求，与投资者进行互动的董事会。在与不同董事会合作的过程中，我们发现全球顶尖的董事会已经采取行动。

董事会应该如何更好地了解投资者需求并与其进行互动？在此，我们提出 7 个步骤和方法（图 4–9）：

1. 基础阶段：确保能够及时准确地了解投资者相关信息

多数董事会要求企业的投资者关系负责人、董事会秘书或首席财务官定期（每季度或每半年）向其提供能够了解投资者情绪的相关信息。董事会也会希望了解一些企业治理评级公司对企业的看法，因为他们的投资者也会十分紧密地关注此类公司发布的报告。一些董事会还会在股东选举期间，特意去了解机构投资者对某些事项的立场与看法。此外，董事会还可以通过股东的持股时间长短来筛选出那些长期投资者。

此外，董事们还可以通过了解企业投资者的持股时长来关注那些长期投资者。一些大型投资机构（如贝莱德集团、先锋集团）便会公布他们的公司治理指南，并定期更新投资者相关政策及互动规则。

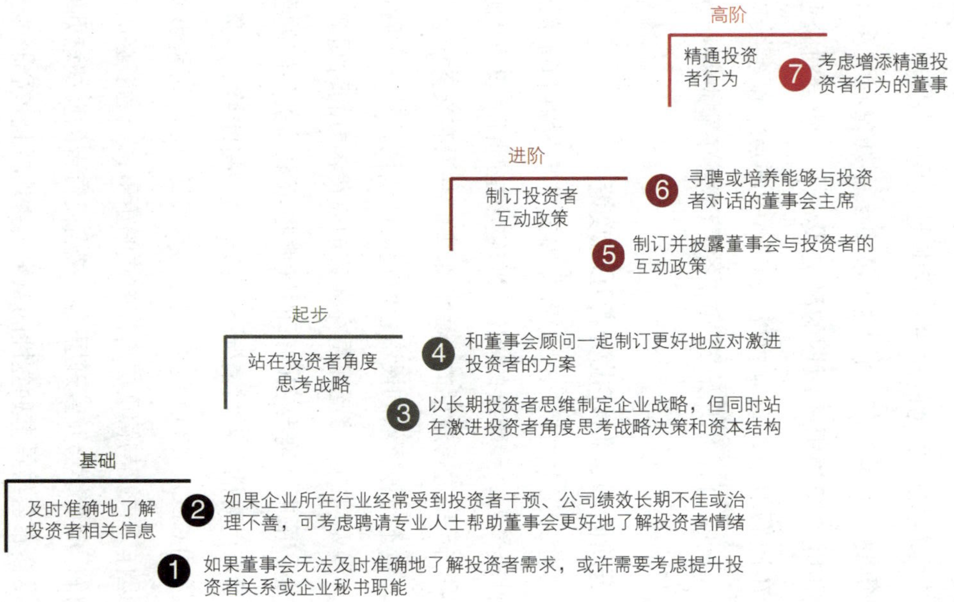

图 4-9　董事会了解投资者需求的步骤和方法

2. 起步阶段：站在投资者角度思考企业战略

我们听到越来越多的呼吁董事会在审阅企业战略时能够更多站在投资者角度进行思考的声音，尤其是要考虑长期投资者和机构投资者的角度。但是，与此同时，董事会不妨站在更多不同类型的投资者角度，想想那些短期的激进投资者可能会对企业提出哪些质疑：在他们眼中，企业可能会有哪些弱点？董事会应当和他们的顾问一同探讨，并开始着手准备，以更好地应对一些不期而至的投资者干预。

3. 进阶阶段：制订投资者互动政策

不乏有一些大型机构投资者开始要求与董事们直接进行对话，但面对此类情况，董事会的首要工作应当是制订一套互动政策，明确投资者可与董事进行对话的场景。董事们并没有义务应允与投资者进行对话，也不应该贸然向投资者发起对话邀请，除非背后有强大的推动因素。漫无目的的谈话只是在徒劳地浪费各方的时间。

此外，董事会需要在内部明确哪些董事具备足够的经验和技能与投资者进行对话。通常情况下，董事会会将此类工作交由公司现任或已退休的 CEO、CFO 负责。投资者需要的是一名能够确切地描述董事会运作方式及与管理层合作方式的董事，一名能够认真倾听并客观、准确地向董事会及管理层传达来自投资者的反馈意见的董事。投资者通常会希望与具有独立性的董事会主席或是核心职能委员会主席进行对话。出于沟通的意愿和需求不同，公司 CEO 并不必然会参与对话。法律总顾问或投资者关系负责人可能会出于信息披露或记录的需要而参与对话，他们也可能会在必要时提供一些专业性意见，但并不会作为对话的主要参与者。因此，这就更需要参与对话的董事对投资者有深入的洞悉，并且懂得如何处理投资者关系。

董事会制订投资者互动政策后，不妨将其发布在公司网站上，方便各路投资者提前知悉。

4. 高阶阶段：精通投资者行为

有时候，董事会可能会发现其并不具备了解且善于处理投资者关系以弥补这一不足的董事。在这种情况下，董事会可通过聘任一名了解并善于与投资者互动且有相关经验的董事（图 4-10）来解决。有的董事会也可能先发制人，将精明的投资者纳入董事会。

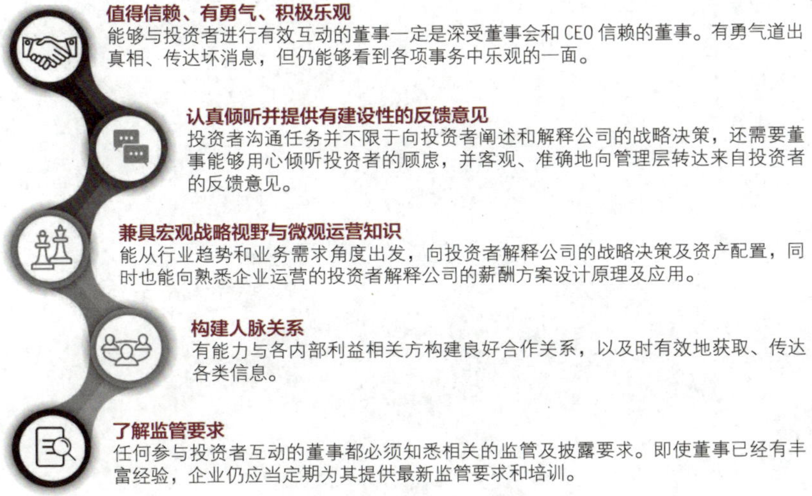

图 4-10　善于与投资者互动的董事的特征

第五章

铸就卓越
董事会

随着中国改革进入深水区，中国企业亟须获得高质量发展，而高质量的公司治理和高效的董事会运作又是高质量发展的重要保障。如何提高公司治理水平？如何构建卓越的董事会？ 如何保证董事会的高效运作？在新形势下，董事会、董事必须具备什么素质和能力？这些问题已经成为中国企业越来越关注的重要命题。

他山之石，可以攻玉。 作为法人治理的核心，高效运作的董事会能够为企业提供外部战略视角、监督企业的战略实施、监督领导团队的表现与发展、维系公司治理机制并维护企业的价值与声誉。本书基于罗盛咨询在与中国及其他国家的全球领先企业的高级领导层以及董事会合作过程中积累的洞察和经验， 加之对董事会高效运作的长期深入调查研究，从董事会的“硬件”要素（如董事会架构设置、角色定义和职权划分、成员和能力构成等）、“软件”要素（如董事会主席领导力、董事会文化等）、运营程序及长期战略等事项入手，全方位深入剖析高效董事会的构成要素和运作方式，为在中国市场运营的上市企业、国有企业、合资企业、私营企业、家族企业等各行业经营实体完善公司治理、提升企业竞争力提供国际经验。

董事会的高效运作，既要有高质量的“硬件”支撑，更需要有一流的“软件”使其高效运转。

在“硬件”方面，合理的架构设置是董事会正确发挥治理作用的先决条件。在现代公司治理框架下，不同市场/国家所适用的董事会治理结构不尽相同：既有英美法系的单元制治理结构体系（董事会既是决策机构，也是监督机构），也有大陆法系的二元制治理结构体系（在股东大会下设立董事会和监事会，分别行使决策权和监督权）。尽管董事会治理结构体系有所不同，但是几乎每个国家都对董事会的独立性做出了明确的要求。

在这方面，我国和国际惯例的差别比较大：在标准普尔 500 指数成分股企业中，独立董事占 85%；而在沪深 300 指数成分股企业中，独立董事只占 38%。为了帮助董事会更好地履行繁重、复杂的决策和监督职能，设立专业委员会已成为改善公司治理结构的重要方式。欧美地区多数公司都设立了审计委员会、薪酬委员会和提名 / 治理委员会，此外，根据所在行业特点，企业还可能设立健康、安全和环境委员会，企业社会责任委员会，以及风险和监管委员会。

董事会治理的最新趋势是：成员多样性，数字化转型进程的知识和能力，以及可持续发展议题。

在“软件”方面，主要包括以董事会主席为核心的领导力和良好的董事会文化。董事会主席是设定董事会运作基调、方向和文化的核心要素，是区分董事会运作效益高低的唯一显著因素。一名具备卓越领导力的董事会主席应当能够拥护董事独立性、积极寻求不同观点、鼓励高质量辩论。

此外，董事会的有效运作不仅在于董事会主席个人，更在于作为一个团队整体的董事会成员。良好的董事会文化是确保董事保持独立、大胆提供个人观点、保持可靠业务判断能力、与管理层建立建设性关系的重要条件。

在为高效董事会配备高质量“硬件”和“软件”的基础上，强大的董事上任培训能够快速融合新董事成员，不仅能够帮助企业获得高质量的董事观点，还能帮助董事会增强集体意识，建立更为紧密的联系，最终为股东创造更高价值。此外，还应有意识地培养董事做出提升董事会效率的关键行为。

一名优秀的董事应当：能够提出正确的问题；有勇气坚持主张，做正确的事情；能够恰当地、建设性地质询管理层；具备可靠的业务判断能力；做出准确的商业判断；能够形成独立观点。

在当今瞬息万变、不确定性增加的时代，应对危机已经成为董事会领导力所必备的素质和能力，卓越的董事会能让企业在度过危机后，变得比从前更加强大。

卓越董事会的特质之一便是以长远的战略眼光制订各项决策。其中，前瞻性地规划董事接班人，帮助董事会更好地了解自身能力需求，确保董事能力及专长的多元化，以长远的眼光思考人才需求，从而使董事会内董事成员更替的风险最小化。在互联网浪潮、新兴技术等趋势的影响下，中国及全球市场正经历前所未有的快速变化。相应地，企业也正积极采取行动，升级董事会的技能和能力。在数字化席卷各行各业的今天，数字化技术董事会将积极推动董事会转型，使企业能够更加主动地适应不断发生的变化和挑战。

根据我们的经验，卓越董事会应具备五大能力：一是战略性。

合格的董事会需要有长期一致的战略规划以及前瞻性的眼光，帮助管理层重新审视公司的定位，为企业打造长期的竞争优势奠定必要的基础。二是规范性。在确保董事会的构成合理的前提下，要有清晰的职、责、权界限，能与管理层高效配合。不同行业、不同地域、具有多元能力的董事能够互补。三是高效性。面对快速发展的市场环境，董事会的领导力是关键，不仅要能够快速获取信息，同时需要做出准确的判断。四是创新性。打造多元有活力的董事会，加强数字化转型和新型技术的研发，在所需层面和规模上进行转型，使可持续发展的理念在企业内部持续传承。五是责任。从公司治理结构入手，董事会的职责是要推动企业转型，将可持续发展纳入业务战略和运营中，以支持企业的长期生存。

企业治理同时受到内部因素（公司治理结构、董事会组成等）与外部因素（监管规定、市场与行业环境）的影响。中国企业的高质量治理需要借鉴国际经验，探索出一条适合中国国情的高效董事会治理之路。如果本书能在此过程中对国内企业有所启发，便是我们出版此书的最大愿望。

附　录

附录一　ChatGPT 和其他生成式人工智能将如何影响领导力[①]

近期，ChatGPT 的横空问世引爆了社会各界的广泛讨论。国内外企业领袖对于这项新技术工具对未来业务的影响也予以高度关注。不论是科技巨头还是规模不一的企业和创业者，都对该技术展现出了乐观的态度，并积极加快相关技术在自身业务上的部署和应用。

在国外，微软开始借助 ChatGPT 模型来驱动 Bing Chat 和 Copilot 为用户提供更高质量、更有趣且富有表现力的中英文文本生成服务；谷歌随后放出基于大语言模型的对话式人工智能工具 Bard 的测试版，来为用户提供更加准确和更容易被理解的搜索结果；Facebook 也将开发自己的模型 LLaMA，来加强其在该领域的竞争力。

在国内，百度推出了基于规则和模板的中文文本生成工具“文

①自 ChatGPT 于 2022 年 11 月 30 日正式发布以来，尤其是 2023 年 3 月 15 日 OpenAI 推出 GPT-4 以来，生成式人工智能工具展示出了极大的应用潜力，未来也会不可避免地对组织业务产生影响。为探寻最新科技对领导者带来的机遇与挑战，本文基于罗盛咨询的全球经验、前瞻视野及详实调研数据，将围绕这项新技术对领导力的潜在影响进行论述。

心一言”，通过快速生成的简短、有趣、易懂的中文文本来增强用户的搜索体验。腾讯高管表示，将投入各类资源来打造其自身的基础模型技术，并在未来应用于各业务当中。创新工场也宣布成立 Project AI 2.0 公司，做中文版 ChatGPT。还有数不胜数的中外企业和创业者，都在积极投身于 ChatGPT 和相关技术的部署和应用。

ChatGPT 是 OpenAI 最新及最受关注的成果，被认为是有史以来进化最快的“应用”。但是，这种强大的人工智能进步真的能提高领导力吗？

若要深入了解 ChatGPT 真正能做些什么，首先需要了解它是如何运作的。作为新一代的生成式人工智能工具，ChatGPT 是一个大型语言模型（LLM），旨在以会话的方式对来自人类的自然语言输入进行理解和响应。通过利用大量的文本数据，并运行复杂的深度学习算法，它可以对广泛的问题和提示生成类似人类的响应。在领导者为企业制定有效战略时，他们必须培养一种全新视角，以应对各种形式的生成式人工智能，掌握新技术不断演进的趋势，并思考如何在不违背道德的前提下将新的、独特的创新嵌入他们的业务中，同时还应避免在这场对新工具铺天盖地的炒作中迷失方向。领导者只有与技术生态的演化保持同步，并秉持一种时刻拥抱新技术的心态，在面对激变的潮流时才能有所胜算。

领导者在对未来进行规划时，需要重视以下几点：

（1）不确定性是不可避免的，勇敢地正视这种不确定性，将有可能实现业务的变革。

（2）生成式人工智能可以是独立应用的，也可以是集成在业务中的，或者可以用来增强整个流程。每个选项都蕴藏着挑战和机遇。但它的智能程度最终还是取决于你所提供给它的内容。

（3）文化仍然是企业的核心，人工智能无法取代具备道德和伦理属性的人类领导力。

一、生成式人工智能是否能改善人类的领导力体验？

持续的信息爆炸意味着我们可以接触到比以往更多的信息。现在，用户可以使用生成式人工智能来筛选海量数据，并简明扼要地总结各个领域的关键信息。通过输入特定的查询条件和条理清晰的数据点，个人或许可以利用生成式人工智能来提升其工作质量和速度。

“重视忙碌”是企业推崇的文化，如果将生成式人工智能有目的地整合到业务流程中，尤其是那些高度重复性或耗费体力的流程中，不仅可能缓和这种文化所带来的紧迫感，还有助于提高员工效率。该整合还可以在组织内实现个人工作和生活之间的平衡，这也是领导者所倡导的价值观。当前，经济环境存在很多不确定的因素。生成式人工智能在一些社会最基础领域所发挥的影响将会越来越大。

此外，人工智能可以解决劳动力短缺问题，有效地接管那些人类参与度逐渐降低的任务或角色，同时还可以节约成本。这些都是领导者需要重点关注的。

二、生成式人工智能给领导者带来了哪些挑战?

（1）人才的替代：生成式人工智能不仅能够消除重复性工作，还可能影响白领的就业，它们能够以在既往的技术革新过程中前所未有的方式，取代具备中等技能和高等技能的工人。

（2）决策的风险性：虽然 ChatGPT 这样的工具在我们查询相关结果时发挥了不小的作用，却增加了使用者对未经验证的信息源过度自信的风险。

（3）道德与歧视：如果对有偏见的数据进行训练（很多组织中都存在这种情况），生成式人工智能工具就可能会产生歧视性结果。

（4）技能侵蚀：过度依赖人工智能可能最终导致人类技能的衰退。如果我们过度依赖人工智能，而不是只把它当作工具，就会使我们的核心竞争力处于危险之中。

三、 领导者可以做些什么来规划持续的技术转型?

就像之前的互联网或移动技术一样，生成式人工智能平台有潜力最终改变一切。到目前为止，人工智能已经很自然地融入社会的方方面面，比如使用各种电子地图对一个新城市进行导航，用人脸识别技术解锁智能手机，或在撰写文本时使用自动更正功能。领导者需要学习如何用一种与上述例子同样自然的方式，将这些工具战略性地整合到他们的组织流程和领导策略中。

领导者务必认识到：不确定性是不可避免的；拥抱它，可能会彻底改变组织的业务。

领导者需要对生成式人工智能可能为组织创造的机会保持开放的态度：一方面，需要致力于建设技术优先的文化；另一方面，需要对人工智能与其组织的相关性有不断演进的理解。这样的领导者将最有可能获得成功。领导者需要将新技术的发展与最近市场上的新变化结合起来进行规划，这也是一个与更广泛的技术生态系统（包括学者、行业专家和下一代领导者）进行接触的机会。

生成式人工智能可以独立存在、集成到特定业务流程中或用于增强整个工作流程。每种选择都有其挑战和机遇，但它并不比你提供给它的东西更智能。

目前，还没有迹象表明这些工具将全面改变或加强我们的工作方式和领导方式，但我们知道，每一个选项都需要有一个适应过程。就像每一次技术飞跃一样，领导者不应该将他们尚未建立起竞争力的技能简单地外包出去，也不应该期望从自己还没有学会如何充分利用的工具中获得积极的结果。简而言之，领导者需要培养批判性思维：如果每个人都开始使用 ChatGPT，谁又来创造出高质量的信息供它借鉴？谁又能对 ChatGPT 所提供的分析和内容进行审核？此外，随着时间的推移，领导者应该警惕虚假信息和“信息退化”：如果你的组织一直依赖不完整或不正确的数据，人工智能可能会产生同样有缺陷的结果——不要指望这些工具能突然解决系统性问题。

文化仍然是企业的核心：人工智能无法取代具备道德和伦理属性的人类领导力。

领导者需要做到敏捷而又富有洞察力，并经常停下来考虑如何负责任地使用新工具。如果我们过度依赖生成式人工智能，我们就有可能放弃我们的战略责任。人工智能可能会提供一个新的框架，但人类的判断力、创造力和战略思维仍然是有效领导和发展的必要条件。这些是从机器人身上永远得不到的，因而领导者应该保持以热情、真实、严谨和谦逊的态度来面对自己的员工。

附录二　中外董事对话及相关活动留影

中外董事对话第一次活动（2018，北京）

中外董事对话第二次活动（2019，北京）

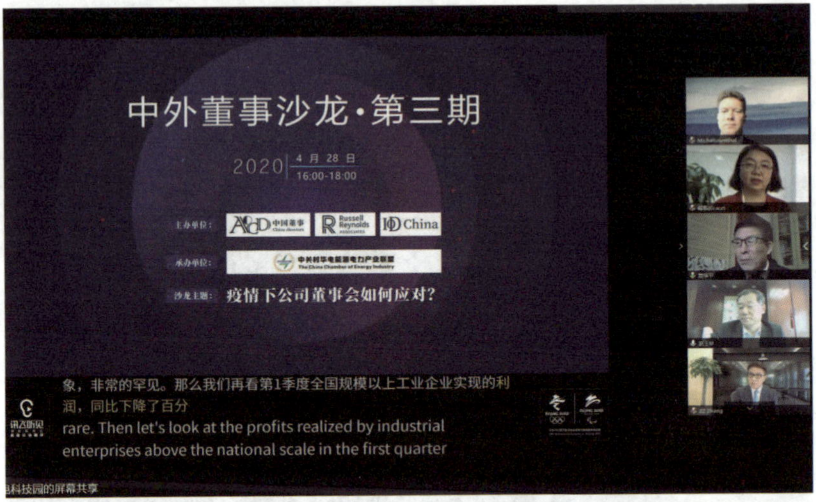

中外董事对话第三次活动(2020,疫情期间在线直播)

程原（前排左六）、路跃兵（前排右四）参加牛津剑桥论坛

新加坡董事协会活动

日本非执行董事论坛（2019，东京）

罗盛咨询 CEO Clarke Murphy 参加墨尔本大学商学院活动

致 谢

本书从确定选题到最终定稿，耗时一年有余。虽说在繁忙的工作之余，要完成这样的编写确实不是一件简单的事，但我们内心深处却满含感激之情。

感谢罗盛咨询在全球的知识积累，这本书无疑凝聚了公司在董事会建设上的真知灼见与经验积累。

感谢我们曾服务过的客户，正因为有你们的信任与支持，才让我们在迈向卓越董事会的道路上共同成长、共同见证。

感谢行业组织及合作伙伴，是你们促进了中外董事会的交流与对话，希望这本书可以成为我们前进的基石，彼此精进，促进国际间的合作与交流。

感谢为本书贡献过力量的朋友们：Peter L. O’Brien，Stephen Langton，Anthony Goodman，Micha Rosenthal，Alvin Chiang，申滟。

编　者

2021 年 1 月